GRAMÁTICA DE
LA LENGUA INGLESA

Copyright © EDIMAT LIBROS, S. A.
C/ Primavera, 35
Polígono Industrial El Malvar
28500 Arganda del Rey
MADRID-ESPAÑA
www.edimat.es

ISBN: 84-9764-511-1
Depósito legal: M-20470-2006

Colección: Manuales de la lengua española
Título: Gramática de la lengua inglesa
Autores: Andres Arenas y Enrique Girón
Diseño de cubierta: El Ojo del Huracán
Impreso en: Cofás

IMPRESO EN ESPAÑA – *PRINTED IN SPAIN*

ÍNDICE

Introducción

Hoy en día existe ya un acuerdo en que la lengua inglesa es el instrumento más adecuado para poder entenderse en la mayor parte de los rincones de este mundo. A su potencial de hablantes como lengua materna en muchos países (Estados Unidos, Gran Bretaña, Canadá, Australia, etc.)— cuya cifra seguramente rebasa los 300 millones— se une el hecho de haberse convertido en una especie de *lingua franca*, cometido en el que ha venido a sustituir al latín, que permitía a los ciudadanos medievales comunicarse en un idioma común. Los avances científicos en el campo de la comunicación no han hecho sino consolidar el papel estelar de la lengua inglesa que ya constituye un tema de estado, pues representa una fuente de ingresos para los británicos comparable a las rentas del petróleo. El empuje del número de hablantes puede ser dimensionado de forma correcta, si pensamos que sólo en China hay más estudiantes de inglés que la población entera de los Estados Unidos. No es de extrañar, pues, que las autoridades chinas, impresionadas por esta realidad, defiendan con gran ahínco el uso de un idioma neutro como el esperanto.

Teniendo en cuenta estos hechos hemos redactado esta Gramática Inglesa destinada a hispanohablantes, poniendo énfasis en las dificultades que ha de encontrar quien tiene el castellano como primera lengua. Así se han intentado resaltar los aspectos contrastivos de la morfosintaxis de ambas lenguas, ilustrándose con numerosos ejemplos traducidos para facilitar la tarea del alumno.

Si observamos con atención la historia de la enseñanza de idiomas podremos comprobar el papel que la gramática ha tenido en el devenir de los siglos. De una época en que su presencia era esencial para aprender lenguas, se pasará a una situación en la que la parte oral es ya una prioridad en detrimento del componente gramatical. Los tiempos del método 'grammar-translation' se verán sustituidos por el 'método directo'. Eran épocas en las que había que aprender a hablar lo antes posible y para ello la gramática era casi una rémora, por lo que muchos profesores de idiomas apenas le dedicaban tiempo alguno. Con el paso del tiempo, se pudo comprobar que sin una base gramatical sólida era muy complicado lograr las pretendidas destrezas comunicativas. Lo que los partidarios del método directo olvidaban era que, entre la forma en que aprende la lengua materna un niño y en cómo lo hace un adulto cuando se enfrenta a una lengua extranjera, hay algunos puntos de coincidencia, pero también serias diferencias. En el primer caso el aprendizaje de la lengua es casi un asunto de supervivencia, mientras que en el segundo se debe modificar todo un sistema de hábitos lingüísticos adquiridos con esfuerzo.

Este libro pretende ser un instrumento útil para aquellos que tengan o no algún conocimiento previo de la lengua de Shakespeare. Por ello va destinado a estudiantes de la Enseñanza Secundaria, a personas adultas que deseen iniciarse en el aprendizaje del inglés y para todos aquellos que en su día aprendieron algo e intentan retomar su estudio, bien por necesidades de trabajo o por cualquier otra razón. Aunque esta gramática no pretende ser un método en sí misma, los autores no quieren perder de vista su enfoque práctico, razón por la cual se han incluido una serie de ejercicios al final de cada capítulo y un solucionario para facilitar la tarea autoevaluadora del alumno. Es evidente que no se puede aprender un idioma exclusivamente con la asimilación de la gramática, pero no es menos cierto que si se dominan las estructuras morfosintácticas de la lengua extranjera, la parte oral del idioma resulta mucho más fácil. Así pues, hay dos aspectos en los que se ha insistido en la redacción de estas páginas: 1. Que es una gramática básica, es decir que pretende cubrir las estructuras más sencillas de la lengua inglesa. 2. Su dimensión didáctica, que le permita a un alumno de la Enseñanza Secundaria aclarar dónde se coloca el apóstrofo en el genitivo sajón o a un adulto repasar la estructura de las oraciones condicionales para su examen de idioma de las oposiciones que prepara.

Las limitaciones de espacio no han permitido darle a la fonética y a las diferencias entre el inglés británico y el americano la extensión que merecen. Sobre este último punto, ya señalaba Oscar Wilde que "The English have really everything in common with the Americans, except, of course, language", pero la frase del ingenioso irlandés no impide que un nativo de Alaska y otro de Leeds se entiendan sin mayor problema. En relación con el escollo de la fonética, el estudiante podrá paliarlo con la pronunciación figurada del Alfabeto Fonético Internacional que aparece en cualquier diccionario acompañando a cada palabra.

En la redacción de estas páginas se ha intentado recoger una recopilación de las reglas gramaticales más importantes de la lengua inglesa. Desde el punto de vista metodológico se ha seguido una sistemática de exposición breve y concisa ?sin sacrificar la claridad?, utilizando una terminología que huya de tecnicismos especializados, de forma que pueda ser usada sin el apoyo de un profesor.

El deseo de quienes esto escriben es que la lectura y aprovechamiento de este libro sirva a sus lectores de estímulo para continuar el estudio más a fondo de una lengua que ha pasado a ser un instrumento de comunicación universal.

Por último, nos gustaría agradecer a nuestra colega Maureen MacMillan su ayuda inestimable en la revisión final de esta gramática.

Andrés Arenas
Enrique Girón

Capítulo I

El artículo

El artículo es el determinante por excelencia.

De la misma forma que en español, el artículo en inglés se divide en determinado o definido e indeterminado o indefinido. La forma del determinado es *the* y la del indeterminado *a/an*.

1. El artículo determinado

Se utiliza este artículo cuando designa una persona o cosa conocida; es decir, que su función es determinar de qué se está hablando. Su forma *the* admite dos pronunciaciones:

/ðə/ si la palabra siguiente comienza por consonante y /ðiː/ si la palabra que le sigue empieza por vocal o h muda. Ejemplos: *the* /ðə/ *book, the* /ðiː/ *apple, the* /ðiː/ *hour*.

El artículo determinado el, la, los, las es, en inglés, una sola palabra *the*, que es invariable en género y en número:

Singular	*Plural*
The boy	*The boys*
The house	*The houses*
The table	*The tables*

El artículo determinado no se usa:

1. Cuando generalizamos:

> *Books are useful.*
> Los libros son útiles.
> (Se refiere a todos los libros)

> *The books you gave me are useful.*
> Los libros que me diste son útiles.
> (Sólo se refiere a los que tú me diste)

Money is necessary.
El dinero es necesario.

Love is important.
El amor es importante.

2. Con las palabras *school, bed, church, hospital*:

The little boy is going to school.
El niño va al colegio.

The old lady goes to church every day.
La anciana va a misa todos los días.

Go to bed, it's late!
¡Vete a la cama, es tarde!

El uso del artículo cambia el sentido en los siguientes casos:

His father is going to the school.
Su padre va al colegio.
(de visita)

Go to the bed and bring me the paper.
Vete a la cama y tráeme el periódico.

They went to the church.
Fueron a la iglesia.
(para visitarla)

3. Delante de los nombres de las comidas del día, cuando se habla en un sentido general:

Breakfast is at 8 o'clock.
El desayuno es a las ocho.

Dinner is ready.
La cena está lista.

4. Con *next* y *last* al hablar de tiempo y al referirse al próximo y pasado (día, semana, año):

I'll go to London next week.
Iré a Londres la semana que viene.

Last night I read a book.
Anoche leí un libro.

5. Con los días de la semana, cuando hacen de sujeto:

Monday is the first day of the week.
El lunes es el primer día de la semana.

Pero cuando se emplean como complemento circunstancial se utiliza la preposición *on.*

She is coming on Sunday.
Ella viene el domingo.

6. Con las horas:

It is nine o'clock.
Son las nueve en punto.

Tampoco emplearemos el artículo cuando se hable de títulos o profesiones:

King Juan Carlos.   El rey Juan Carlos.
Queen Elizabeth.   La reina Isabel.
Father Thomas.   El padre Tomás.
General Franco.   El general Franco.

7. Mientras que en español se usa el artículo determinado delante de las prendas de vestir y las partes del cuerpo, en inglés se prefiere el posesivo:

He broke his leg.   Se rompió la pierna.
He took off his hat.   Se quitó el abrigo.

El artículo determinado se usa:

1. Con *to play* cuando hablamos de instrumentos musicales:

We play the guitar.   Nosotros tocamos la guitarra.

Sin embargo se omite cuando *to play* tiene el sentido de practicar un juego o un deporte:

I like playing chess with my sister.
Me gusta jugar al ajedrez con mi hermana.

Playing football is amusing.
Jugar al fútbol es divertido.

2. Con nombres de reyes y fechas:

Charles I
Se debe decir: *Charles the first.*

June 15, 1971
Se dice: *June the fifteenth, 1971.*

2. El artículo indeterminado

Este artículo se usa para referirse a algo o a alguien que nos es desconocido o indiferente. En inglés existen dos formas: *a/an*. La forma *an* se usa delante de palabras que empiecen por vocal o h muda.

a book   un libro
an apple   una manzana
a boy   un niño
an hour   una hora
a valley   un valle
an umbrella   un paraguas

Cuando la palabra que sigue comienza por *u* (con el sonido de /iu/) o h aspirada se usa el artículo *a*:

a uniform   un uniforme
a hospital   un hospital

El artículo *a/an* carece de plural en inglés, pero si queremos traducir la idea de unos, unas, tendremos que usar el adjetivo indefinido *some*.

• Usos

1. El artículo indeterminado sólo se usa en inglés con nombres contables en singular:

Give me a newspaper. Dame un periódico.
There is a man waiting for you. Hay un hombre esperándote.

2. Se usa este artículo con sustantivos que denoten profesión, nacionalidad o religión:

He is a teacher. Él es profesor.
She is an architect. Ella es arquitecta.
Fatima is a Muslim. Fátima es musulmana.
Pierre is a Frenchman. Pierre es francés.

3. Se usa también delante de *dozen* (docena), *hundred* (cien), *thousand* (mil), *million* (millón):

a hundred euros   cien euros
a dozen oranges   una docena de naranjas
a thousand men   mil hombres

4. Con un nombre propio precediendo a Mr con la idea de un tal:

Does a Mr Wilson work here?
¿Trabaja aquí un tal Sr. Wilson?

5. Tras las palabras siguientes: *without* (sin), *half* (medio), *such* (tal), *quite* (bastante):

without a hat   sin sombrero
half an hour   media hora
such a book   tal libro

6. En exclamaciones introducidas por *what* seguido de un nombre contable en singular:

What an interesting boy! ¡Qué chico tan interesante!
What a nice day! ¡Qué día tan bueno!

7. En algunas expresiones:

to have a temperature   tener fiebre
to have a good memory   tener buena memoria
to have an appetite   tener apetito

8. *Little* y *few* cambian el significado al usar el artículo:

> *I have a little money to give you.*
> Tengo un poco de dinero para darte.
> (suficiente)

> *I have little money to go to the cinema.*
> Tengo poco dinero para ir al cine.
> (insuficiente)

> *He has a few friends in England.*
> Tiene unos cuantos amigos en Inglaterra.

> *He has few friends in England.*
> Tiene pocos amigos en Inglaterra.

Ejercicios

1. Utilice el artículo determinado cuando sea necesario.

a) Can you play _____ violin?

b) _____ violence is unnecessary.

c) Look at _____ sky!

d) He went to _____ bed because he was tired.

e) _____ food is in the oven.

f) _____ dinner will be ready at 8 o'clock.

g) _____ shoes I bought are very smart.

h) _____ water is healthy.

i) I like _____ coffee.

j) He plays _____ football every Sunday.

2. Escriba el artículo indeterminado *a/an* donde sea necesario.

a) My father is _____ teacher.

b) I get 8 _____ hour.

c) I only ate _____ apple.

d) Your sister has _____ lovely hair.

e) What _____ good beer!

f) She plays basketball twice _____ week.

g) They are building _____ hospital in the neighbourhood.

h) It is raining. Take _____ umbrella.

i) I can't buy _____ computer because I've got _____ little money.

j) It isn't _____ European country.

3. Ponga estas frases en inglés:

a) Es tarde, vete a la cama.

b) El desayuno es a las siete.

c) Mi primo Jorge es arquitecto.

d) El silencio es oro.

e) María juega al tenis dos veces a la semana.

f) Luis va al colegio todos los días.

g) Jugaremos un partido el próximo domingo.

h) ¡Qué libro tan interesante!

i) Tráeme una docena de huevos.

j) Lo siento, tengo poco dinero.

Capítulo II

El nombre

El nombre o sustantivo es la palabra que designa a una persona, animal o cosa. En inglés, como en español, los sustantivos son de dos clases: comunes (*book, girl*) y propios (*John, Madrid*).

Los nombres se pueden clasificar en dos grupos: contables e incontables. Los nombres contables son aquellos que pueden ir precedidos por un numeral: *one boy, seven tables*. Se consideran incontables aquellos que no pueden ir en plural y van seguidos por un verbo en singular. Delante de ellos no se pueden utilizar numerales: *Water is transparent* (el agua es transparente).

1. El género

En inglés el género de los nombres se forma dependiendo del sexo. Así, son masculinos los sustantivos que designan a una persona del sexo masculino: *man* (hombre), *husband* (marido), *monk* (monje). A dichos nombres los sustituye el pronombre *he*:

> *The boy is crying. He has cut his finger.*
> El niño está llorando. Se ha cortado el dedo.

Asimismo son del género femenino los nombres que designan a una persona del sexo femenino: *woman* (mujer), *wife* (esposa), *nun* (monja) y el pronombre que lo sustituye es *she*:

> *The girl is looking at the sky. She is very pretty.*
> La chica está mirando al cielo. Es muy guapa.

El género neutro se aplica a cosas que carecen de género: no tienen ni masculino ni femenino. Tienen como referente el pronombre *it*:

Tree (árbol), *chair* (silla), *house* (casa):
The book is on the table. It is new.
El libro está sobre la mesa. Está nuevo.

A los animales, excepto por necesidades de personificación en narraciones, poesías… tampoco se les asigna género masculino ni femenino, sino el neutro, como a las cosas inanimadas:

The cat is drinking its milk.
El gato está bebiendo la leche.

La mayor parte de los sustantivos en inglés son del género común, o sea, que tienen una sola palabra para designar masculino y femenino:

cousin   primo/a
teacher profesor/a

A veces se colocan las palabras *man, woman* o *lady* delante de estos sustantivos para aclarar que nos referimos a un individuo del sexo masculino o femenino:

a man teacher   un profesor
a man doctor un médico
a woman teacher a lady doctor   una profesora una médica

Hay tres formas de expresar el masculino o femenino en inglés:

a) Utilizando palabras diferentes:

king rey *queen* reina
bridegroom novio *bride* novia
boy chico *girl* chica
brother hermano *sister* hermana
bull toro *cow* vaca
sir señor *madam* señora

b) Con un cambio en la terminación:

actor actor *actress* actriz
hero héroe *heroine* heroína
host anfitrión *hostess* anfitriona
prince príncipe *princess* princesa
duke duque *duchess* duquesa

c) Para formar el género de los nombres se antepone o añade otra palabra que denote el sexo:

boyfriend novio *girlfriend* novia
schoolmaster maestro *schoolmistress* maestra
he-bear oso *she-bear* osa
landlord casero *landlady* casera

2. El número

En inglés, el número del nombre tiene dos formas: singular y plural.

Formación del plural
La regla general indica que debe añadirse el morfema *-s* al singular:

dog dogs perro perros
table tables mesa mesas

Esta regla presenta algunos casos especiales:

a) Aquellas palabras que terminan en *ss, x, sh, ch*, forman el plural añadiendo *-es* y su pronunciación es /iz/:

box - boxes caja - cajas
church - churches iglesia - iglesias
glass - glasses vaso - vasos
dish - dishes plato - platos

b) Las palabras que terminan en *-y* precedidas de consonante, cambian la *y* por *ies*:

body - bodies cuerpo - cuerpos
story - stories cuento - cuentos

21

Sin embargo, si los vocablos acaban en -*y* precedidos por vocal, siguen la regla general:

day - *days*   día - días
key - *keys*   llave - llaves

c) Las palabras que terminen en -*f* o en -*fe* forman el plural añadiendo -*ves*:

wife - *wives*   esposa - esposas
wolf - *wolves*   lobo - lobos

Aunque hay excepciones, como:

roof - *roofs*   tejado - tejados
dwarf - *dwarfs*   enano - enanos

d) Muchos nombres que terminan en -*o* añaden -*es*:

tomato - *tomatoes*   tomate - tomates
hero - *heroes*   héroe - héroes

Hay algunas excepciones que siguen la regla general:

pianos   pianos
euros   euros

e) Hay un grupo de palabras que forman el plural de una manera irregular:

man - *men*   hombre - hombres
woman - *women*   mujer - mujeres
child - *children*   niño - niños
foot - feet   pie - pies
mouse - *mice*   ratón - ratones

f) Algunos nombres tienen sólo forma plural y van seguidos de un verbo en plural: *glasses* (gafas), *scissors* (tijeras), *trousers* (pantalones). Sin embargo, ciertos nombres que acaban en -*s* van seguidos de un verbo en singular: *mathematics* (matemáticas), *gymnastics* (gimnasia), *politics* (política):

These trousers are too expensive for me.
Estos pantalones son demasiado caros para mí.

Where are my glasses?
¿Dónde están mis gafas?

Mathematics is difficult for pupils.
Las matemáticas son difíciles para los alumnos.

Gymnastics is healthy for everybody.
La gimnasia es saludable para todos.

g) Ciertas palabras como *news, advice, information, luggage*, etc., poseen un sentido plural, aunque el verbo vaya en singular:

This is the news read by John Sterling.
Estas son las noticias leídas por John Sterling.

My luggage is in the locker.
Mi equipaje está en la taquilla.

Nota: Para singularizar *news, advice* o *information*, usamos la construcción *a piece of*:

This is a piece of advice for you.
Éste es un consejo para ti.

h) Los colectivos *people, police, transport*, van siempre acompañados de un verbo en plural:

There are nice people everywhere.
Hay gente buena en todas partes.

i) Algunas palabras de origen griego o latino forman el plural de acuerdo con su origen:

basis - bases   base - bases
crisis - crises   crisis - crisis
phenomenon - phenomena   fenómeno - fenómenos

Capítulo III

Ortografía del nombre

En inglés se escriben con mayúscula:

a) Tratamientos o títulos:

> *Mr* Señor   *Mrs* Señora   *Miss* Señorita
> *Lord* Lord   *Lady* Lady
> *Prince* Príncipe   *King* Rey   *Queen* Reina

b) Los días, meses y fiestas del año:

> *Tuesday* martes   *Sunday* domingo   *June* junio
> *October* octubre   *Easter* Semana Santa

c) En las nacionalidades, tanto en su función sustantiva como adjetiva:

> *The Italians*   Los italianos
> She speaks French.   Ella habla francés.
> *He is an Englishman.*   Él es inglés.

d) El pronombre personal de 1.ª persona *I* se escribe siempre con mayúscula:

> *My father and I are going to the cinema.*
> Mi padre y yo vamos al cine.

e) Los títulos de las obras:

> *The Lord of the Rings*   El señor de los anillos
> *Malaga Farm*   Un cortijo en Málaga
> *The Merchant of Venice*   El mercader de Venecia

1. Nombres contables e incontables

En inglés, como en español, los nombres se pueden clasificar en contables e incontables. Los contables son aquellos que son susceptibles de ser contados: *pencils* (lápices), *chairs* (sillas), *trees* (árboles), *girls* (chicas). Por el contrario, incontables son aquellos que no se pueden contar: *sugar* (azúcar), *milk* (leche), *honey* (miel); es decir, nombres de sustancia y también los que indican cualidad: *courage* (valor), *poverty* (pobreza), *joy* (alegría), etc.

Esta división supone que los nombres contables normales pueden llevar delante un numeral: *one book, seven books*. Por otro lado, los nombres incontables no pueden ir precedidos de un numeral, ni del artículo *a/an*, y van seguidos de un verbo en singular: *coffee, water, chocolate, food, bread*. Para singularizar estos nombres hay que anteponerle otras expresiones:

> *a loaf of bread*   una barra de pan
> *a glass of water*   un vaso de agua
> *a jug of beer*   una jarra de cerveza
> *a piece of cheese*   un trozo de queso

Some/any

Los determinantes *some/any* se utilizan delante de los nombres contables con el significado de algunos/as, unos/as:

> *Give some books.*
> Dame algunos libros.

> *There are some coins in my pocket.*
> Hay unas monedas en mi bolsillo.

Sin embargo, cuando preceden a los nombres incontables se pueden traducir con el significado de un poco de, algo de:

> *There is some cheese on the plate.*
> Hay un poco de queso en el plato.

2. El genitivo sajón

Hay dos formas en inglés para indicar la posesión: con la preposición *of* o con el genitivo sajón o caso posesivo. Este último se utiliza cuando hay un poseedor que puede ser persona o animal. Para su formación se utiliza la siguiente fórmula:

Poseedor + apóstrofo + morfema *s* + la cosa poseída sin artículo

> *my father's car* el coche de mi padre
> *Peter's pencil* el lápiz de Peter
> *the dog's ears* las orejas del perro

Cuando el poseedor está en plural y termina en *-s*, sólo se pone el apóstrofo:

> *my parents' bedroom* el dormitorio de mis padres
> *the boys' computer* el ordenador de los chicos
> *the students' book* el libro de los estudiantes

En el caso de que el nombre en plural no acabe en *-s*, se aplica la regla general:

> *the children's cats* los gatos de los niños
> *the men's tractor* el tractor de los hombres
> *the mice's legs* las patas de los ratones

Sin embargo, cuando los nombres en singular acaban en *-s* siendo singular, también se aplica la regla general:

> *the princess's servant* el criado de la princesa
> *the boss's office* el despacho del jefe

Con frecuencia se omiten las palabras *church, house, shop*:

> *She is going to St James's (church).*
> Ella va a la iglesia de St. James.

> *Yesterday we went to Bob's (house).*
> Ayer fuimos a casa de Bob.

> *Have you been to the butcher's? (shop).*
> ¿Has estado en la carnicería?

Si el poseedor es una cosa, se usará la preposición *of* en lugar del genitivo sajón:

the walls of the room
las paredes de la habitación

También se puede utilizar esta construcción con expresiones que indican tiempo y distancia:

a week's holidays   unas vacaciones de una semana
at a stone's throw   a tiro de piedra
two hours' talk   dos horas de conversación

Ejercicios

1. Cambie el género de los nombres en las siguientes frases:

a) The boy is playing the guitar.
b) The Duke of Schlippenbach came to Andalusia.
c) What's your job? I am a waiter.
d) My sister is cooking an omelette.
e) Yes, sir.
f) An actor is wanted.
g) My uncle is coming today.
h) The Queen of Holland is coming to Spain.
i) My wife is at the dentist's.

2. Forme el plural de los siguientes sustantivos:

a) fly
b) foot
c) thief
d) hero
e) crisis
f) man
g) mouse
h) woman
i) child

3. Escriba en inglés las siguientes frases:

a) Hay un poco de vino en la botella.
b) Trae algunos libros de la biblioteca.
c) Hay una docena de chicas en la clase.
d) Ella compra una barra de pan en la panadería.
e) Dame dinero para ir al cine.
f) Un vaso de agua, por favor.

4. Utilice el genitivo sajón donde sea posible.

a) This is the computer of Dani.

b) She can't remember the name of the writer.

c) The trousers of the boys were short.

d) The sister of John is a nurse.

e) The house of my uncle is big.

f) The umbrella of the ladies is black.

g) The roof of the house.

h) The toilet of the men is upstairs.

i) The new shirt of my cousin.

j) The glass of the teacher is on the desk.

5. Escriba en inglés:

a) Por favor, ve a la carnicería.

b) El amigo de Tom trabaja en una discoteca.

c) Los bolsos de mi hermana son muy caros.

d) Los juguetes de los niños están debajo de la cama.

e) Voy a la iglesia de San Pedro los domingos.

f) El coche del Sr. Miller está en el garaje.

g) La granja de mi suegro no está lejos.

h) Iremos a casa de mi tía el domingo por la mañana.

i) Ayer vi una película de Spielberg.

j) La panadería está a tiro de piedra.

Capítulo IV

El adjetivo

El adjetivo en inglés es invariable; es decir, carece de género y número. Así, *good* se traduce por bueno, buena, buenos y buenas:

> *good girl* buena chica
> *good boys* buenos chicos

Generalmente se colocan delante del sustantivo, en función atributiva:

> *a clever man* un hombre inteligente
> *a thick book* un libro grueso

Sin embargo, va detrás del verbo *to be* cuando hace función predicativa:

> *This man is clever.* Este hombre es inteligente.
> *This job is interesting.* Este trabajo es interesante.

Si en una oración hay más de un adjetivo, éstos se colocan delante del sustantivo, bien separados por comas o por la conjunción *and*:

> *a small, pretty flower.*
> *a small and pretty flower.*
> una flor bonita y pequeña.

A veces los adjetivos pueden utilizarse como nombres, en cuyo caso van precedidos por el artículo *the*:

> *the rich* los ricos   *the blind* los ciegos
> *the old* los viejos

También hay sustantivos que actúan como adjetivos:

> *a gold watch* un reloj de oro

a stone wall   un muro de piedra
a mink coat   un abrigo de visón
a football team   un equipo de fútbol
a love story   una historia de amor

Hay adjetivos que no se derivan de palabra alguna; por ejemplo: *cold* (frío), *small* (pequeño), *free* (libre). Sin embargo, la gran mayoría de los adjetivos pueden formarse a partir de un nombre: *danger* (peligro) - *dangerous* (peligroso), *fear* (miedo) - *fearless* (sin miedo), *beauty* (belleza) - *beautiful* (bello); de un verbo: *run* (correr) - *running* (corriente); de otro adverbio: *up* (arriba) - *upper* (superior), *in* (dentro) - *inner* (interior).

También existen los adjetivos compuestos que pueden formarse de diversas maneras, unidos por un guión. Normalmente la primera palabra modifica a la segunda. En algunos casos el primer componente es un adjetivo: a) adj. + adjetivo: *light-green* (verde claro), *red-hot* (al rojo vivo); b) adj. + participio presente (*-ing*): *dirty-looking* (de aspecto sucio); c) adj. + nombre (añadiéndole *-ed*): *blue-eyed* (de ojos azules), *absent-minded* (distraído). En otros casos la primera palabra puede ser un sustantivo o un adverbio: a) nombre + adjetivo: *sky-blue* (azul celeste), *snow-white* (blanco como la nieve); b) nombre + participio de presente: *fruit-picking* (que recoge fruta); c) nombre + participio pasado: *sun-dried* (secado al sol); d) adv. + participio: *well-made* (bien hecho); e) adv. + participio presente: *good-looking* (bien parecido).

1. Tipos de adjetivos

Además de los adjetivos calificativos hay que mencionar los llamados adjetivos determinativos que acompañan al nombre para determinarlo: adjetivos posesivos, demostrativos, numerales, indefinidos.

1.1. *Adjetivos posesivos*

Los adjetivos posesivos en inglés, a diferencia del castellano, conciertan con el poseedor y no con la cosa poseída. En español presentan cierta ambigüedad en la tercera persona (en singular y plural), pues cuando decimos su casa no sabemos si se refiere a la casa de él, de ella, de usted, de ellos, de ellas, etc. Por el contrario, en inglés no aparece esa ambigüedad, pues el poseedor está determinado claramente.

Tabla de posesivos

my	mi, mis	*its*	su/s (de ello)
your	tu/s, su/s (de usted)	*our*	nuestro/a/os/as
his	su/s (de él)	*your*	vuestro/a/os/as
her	su/s (de ella)	*their*	su/s (de ellos/as)

This is my father. Éste es mi padre.
It's their house. Es su casa (de ellos).
Her cap is on the table. Su gorra (de ella) está sobre la mesa.
Our teacher is French. Nuestro profesor es francés.
Your son is very polite. Tu hijo es muy educado.

Hay algunos usos del posesivo en inglés que no coinciden con el español, donde no es frecuente su uso:

You have cut your finger. Usted se ha cortado el dedo.
Wash your hands. Lávate las manos.
He put his hat on. Se puso el sombrero.

1.2. Adjetivos demostrativos

La función principal de los demostrativos es básicamente la de señalar, es decir, llamar nuestra atención sobre algo. Así, en todos los idiomas modernos suele haber unos demostrativos que indican la proximidad del objeto: *este, this, celui-ci, dieser*, frente a otros que indican su lejanía: *aquel, that, celui-là, jener*.

En español se distinguen tres grados en esta posición relativa del objeto: este (concepto inmediato), ese (intermedio), aquel (el más lejano). En inglés sólo existen dos grados: uno próximo (*this*) y otro lejano (*that*). Sus formas carecen de variación genérica, y pueden ser adjetivos y pronombres sin sufrir ningún cambio.

This pen   This is my pen

Tabla de demostrativos

	próximo	*lejano*
sing.	*this*	*that*
	este/a	ese/a, aquel/lla
plur.	*these*	*those*
	estos/as	esos/as, aquellos/as

This man is my boss.   Este hombre es mi jefe.
That beer comes from Germany.   Esa cerveza es alemana.
Those toys are expensive.   Aquellos juguetes son caros.

En algunas ocasiones el adjetivo demostrativo aparece acompañado por el pronombre *one* para evitar repetir el nombre mencionado:

Give me the book, please. This one or that one?
Por favor, dame el libro. ¿Éste o aquél?

El mismo uso puede aparecer en plural con *ones*:

Those ones are too expensive.
Aquéllos son demasiado caros.

En ambos ejemplos, en español éste, aquél y aquéllos no son adjetivos como en inglés, sino pronombres.

One puede aplicarse de la misma forma acompañando a *each, every, other* y *which*.

1.3. *Adjetivos numerales*

Como en español, existen en inglés dos tipos de adjetivos numerales: cardinales y ordinales.

Cardinales	Ordinales
0	nought
1 one	1st first
2 two	2nd second
3 three	3rd third
4 four	4th fourth
5 five	5th fifth
6 six	6th sixth
7 seven	7th seventh
8 eight	8th eighth
9 nine	9th ninth
10 ten	10th tenth
11 eleven	11th eleventh
12 twelve	12th twelfth
13 thirteen	13th thirteenth
14 fourteen	14th fourteenth
15 fifteen	15th fifteenth
16 sixteen	16th sixteenth
17 seventeen	17th seventeenth
18 eighteen	18th eighteenth
19 nineteen	19th nineteenth
20 twenty	20th twentieth
21 twenty-one	21st twenty-first
30 thirty	30th thirtieth
40 forty	40th fortieth
50 fifty	50th fiftieth
60 sixty	60th sixtieth
70 seventy	70th seventieth
80 eighty	80th eightieth
90 ninety	90th ninetieth
100 one hundred	100th one hundredth
101 one hundred and one	101st hundred and first
1000 one thousand	1.000 thousandth
1.000.000 one million	1.000.000 millionth

Obsérvese que los números que van del 13 al 19, ambos inclusive, acaban en -teen; de ahí que el término *teenager* se use para denominar a los jóvenes comprendidos en esa edad.

En español se suele traducir por adolescente o quinceañero. Con respecto a las decenas, éstas acaban en -ty. Los números compuestos de decenas y unidades se forman uniéndolos por guiones: *twenty-two, thirty-three*.

Hay que recordar que el español no posee un sufijo ordinal sistemático que pueda aplicarse a cualquier cifra, como sucede en inglés con la terminación -*th* que se aplica a todas las cifras, excepto las tres primeras. En castellano la competencia entre ordinales y cardinales se resuelve a favor de estos últimos. Así, en lugar de vigésimo quinto aniversario, suele decirse veinticinco aniversario.

Nótese que en la terminación de las decenas, se cambia la *y* por *ie* ante *th*: *twentieth* (vigésimo). Los ordinales en inglés suelen ir acompañados del artículo determinado *the*: *the twenty-second of July* (22 de julio), y téngase en cuenta que el español usa más frecuentemente el cardinal (el dos de enero) frente al ordinal del inglés (*5th November*). También se utiliza el ordinal en los títulos de los reyes: Juan Carlos I (léase *Juan Carlos the first*).

El número cero tiene varias representaciones: en matemáticas y para indicar la temperatura suele usarse *zero*; en competiciones deportivas: *nil* y *nothing*; para los números de teléfono se utiliza la letra *o* /ou/; curiosamente, en tenis usan *love* para indicar el tanteo: 15-0 (*fifteen-love*). *Love* proviene de la deformación del francés *l'oeuf* (huevo).

1.4. Adjetivos indefinidos

Estos adjetivos son los que se refieren a nombres, pero de modo vago, indeterminado, sin concretar. Suelen ser invariables. Recuérdese que para indicar una cantidad indeterminada en inglés, pueden usarse adjetivos y pronombres, colocándose éstos en lugar del sustantivo.

A efectos de clarificación, los dividiremos en indefinidos distributivos y de cantidad. Son distributivos porque visualizan la globalidad a base de los individuos que la componen. Los más frecuentes son: *each, either, neither, every, each other* y *one another*. Veamos cada uno de ellos con detalle:

Each: cada (uno de un número limitado), cada uno, cada una. Acompaña siempre al verbo en singular:

> *each cup*   cada taza
> *Each boy got a prize.* Cada chico recibió un premio.

Either: cualquiera de los dos, uno y otro. Se usa para referirse a dos personas, animales o cosas. Es afirmativo:

> *Either boy can win the competition.* (adjetivo)
> Cualquiera de los dos chicos puede ganar la competición.

El correspondiente negativo a either es **neither** (ninguno de los dos):

> *Neither test is correct.* (adj.)
> ninguno de los dos tests es correcto.

> *You can't have either.* (pron.)
> no puedes tener ninguno de los dos.

Ambos adjetivos se emplean con sustantivos en singular o en plural:

> *Either office can give you the certificate.*
> Cualquiera de las dos oficinas puede darte el certificado.

> *Either of the offices can give you the certificate.*
> Cualquiera de las dos oficinas puede darte el certificado.

Every: cada, tiene un sentido colectivo. Aunque indique plural es siempre singular:

> *Every tree was cut.*
> Cortaron todos los árboles (lit. cada árbol)

> *Every day he goes to see his parents.*
> Todos los días va a ver a sus padres. (lit. cada día).

En este apartado pueden incluirse también *each other* y *one another*, aunque éstos son en realidad recíprocos. En el apartado de adjetivos indefinidos que dan idea de una cantidad indeterminada, podemos señalar los que son más usuales:

All: todo/a, todos/as:

> *All men are created equal.*
> Todos los hombres son creados iguales.

> *All the bread is finished.*
> Se ha acabado todo el pan.

> *She invited all the boys.*
> Ella invitó a todos los chicos.

Whole: todo/a (entero):

> *She read the whole book.*
> Ella se leyó todo el libro.

> *They have eaten the whole tortilla*
> Se han comido toda la tortilla.

Several: varios/as:

> *I have several friends in Galicia.*
> Tengo varios amigos en Galicia.

> *Several students had to do the exam again.*
> Varios estudiantes tuvieron que hacer el examen de nuevo.

Most: la mayoría, la mayor parte:

> *Most people agree with me.*
> La mayoría de la gente está de acuerdo conmigo.

> *I've eaten most of my salad.*
> Me he comido la mayor parte de mi ensalada.

Much: mucho, mucha:

> *We haven't got much money.*
> No tenemos mucho dinero.

Many: muchos/as:

>*He hasn't got many books.*
>Él no tiene muchos libros.

A lot: mucho/a/os/as. Puede ir con singular y con plural:

>*There are a lot of trees.*
>Hay muchos árboles.

>*He has got a lot of money.*
>Él tiene mucho dinero.

>*A lot of people drink wine.*
>Mucha gente bebe vino

Some: algo (de), algunos/as:

>*There is some salt on the table.*
>Hay (algo de) sal sobre la mesa.

>*There are some boys in the swimming pool.*
>Hay algunos chicos en la piscina.

Any: Se utiliza en oraciones interrogativas y negativas. En las primeras significa algo (de), alguno/a. En las oraciones negativas se puede traducir por nada (de), ningún/a:

>*Is there any sugar?*   ¿Hay (algo de) azúcar?
>*There isn't any chocolate.*   No hay (nada de) chocolate.
>*They didn't send any letters.*   Ellos no enviaron ninguna carta.
>*Did they send any letters?*   ¿Enviaron ellos algunas cartas?

Little: poco/a:

>*There is little money in the bank account.*
>Hay poco dinero en la cuenta del banco.

A little: un poco (de):

>*They speak a little English.*
>Ellos hablan un poco de inglés.

Few: pocos, pocas:

> *There are few trees in the park.*
> Hay pocos árboles en el parque.

A few: algunos/as:

> *Jerónimo has got a few books.*
> Jerónimo tiene algunos libros.

Enough: bastante/s. Se coloca delante de los nombres y después de los adjetivos:

> *There is enough room for all. Have you got enough chairs?*
> Hay bastante espacio para todos. ¿Tienes bastantes sillas?

> *He is rich enough to buy that house.*
> Es lo bastante rico para comprar esa casa.

No: ningún/a, nada de:

> *There is no beer left.*   No queda nada de cerveza.
> *There are no rooms.*   No hay ninguna habitación.

Both: ambos/as, los dos, las dos:

> *Both children have been to Greece.*
> Los dos niños han estado en Grecia.

> *I've got blisters in both feet.*
> Tengo ampollas en ambos pies.

> *Both of us were born in the same year.*
> Los dos nacieron en el mismo año.

2. La comparación de los adjetivos

A pesar de su carácter germánico, el inglés tiene un gran parentesco, justificado históricamente, con el francés. No es extraño, por tanto, que ambos coincidan en muchas de las tendencias y en el uso de sistemas gramaticales parecidos.

También es característico del inglés la facilidad para asimilar no sólo palabras, sino procedimientos sintácticos de las lenguas románicas. Los grados del adjetivo son también aplicables a los adverbios.

En inglés, lo mismo que en español, los adjetivos pueden tener tres grados o formas de comparación: positivo, comparativo y superlativo.

El grado positivo

Indica la cualidad tal como es, sin compararlo con otro:

Peter is clever.
Peter es inteligente.

El grado comparativo

Se usa cuando se compara una persona o cosa con otra u otras:

David is taller than his father.
David es más alto que su padre.

En la gradación de los adjetivos, el inglés alterna dos procedimientos: uno, exclusivamente anglosajón, que se vale de las terminaciones *-er* (adjetivos monosilábicos): *cold - colder*; y otro semejante al románico, por medio de palabras auxiliares: *more... than* (adjetivos de tres o más sílabas). *My chair is more comfortable than yours* (mi silla es más cómoda que la tuya).

El grado comparativo puede ser de tres tipos: de igualdad, de inferioridad y de superioridad:

El comparativo de igualdad se forma con *as* + adjetivo + *as* en las frases afirmativas y *not so* + adjetivo + *as* en las negativas:

Dolores is as tall as John.
Dolores es tan alta como John.

El comparativo de inferioridad se expresa mediante la palabra less (menos):

Your house is less big than mine.
Tu casa es menos grande que la mía.

He is less intelligent than his brother.
Él es menos inteligente que su hermano.

Además de esta forma, es muy corriente su equivalente expresado en negativo: *not so* ....*as*, o *not as* ....*as*:

John is not as friendly as Robert.
John no es tan simpático como Robert.

El comparativo de superioridad alterna, como ya vimos, la forma con -*more* y -*er*:

Betty is more beautiful than her sister.
Betty es más guapa que su hermana.

This mountain is higher than that one.
Esta montaña es más alta que aquélla.

Algunas reglas ortográficas:

• Los adjetivos de una o dos sílabas que acaban en *y*, esta última se transforma en *i* y se añade -*er*:

dirty - dirtier   sucio - más sucio
naughty - naughtier   travieso - más travieso

• Los adjetivos de una o dos sílabas que terminan en -*e*, forman el comparativo de superioridad añadiendo sólo *r* en lugar de -*er*:

white - whiter   blanco - más blanco
nice - nicer   bonito - más bonito

• Cuando los adjetivos monosílabos acaban en una consonante precedida por una sola vocal, dicha consonante se duplica y se le añade -*er*:

big - bigger   grande - más grande
fat - fatter   gordo - más gordo

Formas irregulares de los comparativos:

good bueno
better mejor
the best el mejor
bad malo *worse* peor
the worst el peor *far* lejos
further/farther más lejos *the furthest/farthest* el más lejano

El grado superlativo

Se utiliza cuando se quiere comparar más de dos personas, cosas o grupos. En español se traduce por *el más... de...*

En inglés el superlativo se forma añadiendo al adjetivo el sufijo *-est* y anteponiendo el artículo *the* (si el adjetivo es de una o dos sílabas) y *the most* (si es polisílabo):

London is the largest city in Great Britain.
Londres es la ciudad más grande de Gran Bretaña.

John is the most intelligent of all.
John es el más inteligente de todos.

Ejercicios

1. Rellene los espacios en blanco con los adjetivos posesivos correspondientes.

a) María is cleaning .... bedroom.

b) The boy plays with .... friends every day.

c) We live in Malaga .... house is very big.

d) The teacher is putting .... book on .... desk.

e) He is staying at .... hotel with .... daughter.

f) The girls have tennis rackets in .... hands

g) You must clean .... teeth.

h) I am sitting at .... table eating .... ice cream.

i) Mary and Tom painted .... flat yesterday.

j) You and your brother have to do .... homework.

2. Escriba en inglés las siguientes frases:

a) Este libro es muy interesante. Aquél es aburrido.

b) Esa chica está en mi clase.

c) Tráeme dos sillas. Están en el segundo piso.

d) Vaya a la habitación quince que está en el quinto piso.

e) Ninguno de los dos es inglés.

f) Todos los estudiantes deben levantarse a las ocho.

g) Él ha estado todo el día trabajando.

h) Lola no tiene mucho tiempo para jugar.

i) Hay algunos niños en el parque.

j) No hay habitaciones libres.

k) Es lo bastante alto para jugar al baloncesto.

l) Pedro escribe con ambas manos

3. Rellene los espacios en blanco con los adjetivos comparativos y superlativos correspondientes.

a) London is .... than Madrid. (large)

b) My shoes are .... than yours. (cheap)

c) This sandwich is .... than hers. (hard)

d) Today it is .... than yesterday. (cold)

e) Madrid is the .... city in Spain. (big)

f) Mary is the .... girl in her class. (tall)

g) This is the .... film I have ever seen. (interesting)

h) My car is the .... on the market. (fast)

i) My armchair is the .... in the house. (comfortable)

j) Tom is the .... man in the office. (busy)

4. Traduzca las siguientes frases al inglés:

a) Lucía es más alta que Ana.

b) El Mississippi es el río más largo de Estados Unidos.

c) Mi hermano es tan alto como tuyo.

d) Tu abuela es mayor que la mía.

e) Hoy hace más calor que ayer.

f) Mis gafas son más caras que las de Juan.

g) Es el mejor programa de la TV.

h) Este ejercicio es más difícil que aquél.

i) Esta pluma es la más barata de la tienda.

j) Ernesto es el hermano más joven de la familia.

Capítulo V

El pronombre

El pronombre es la parte de la oración que tiene como función principal sustituir al sustantivo o nombre. El pronombre simplifica y flexibiliza considerablemente la expresión, evitando una repetición constante e incómoda del sustantivo.

La diferencia entre el adjetivo y el pronombre está esencialmente en su función. El adjetivo suele acompañar al nombre, mientras que el pronombre lo sustituye. Por ello algunos adjetivos y pronombres presentan la misma forma y significado:

This is his jumper.
Éste es su jersey (de él).

This jumper is his.
Este jersey es suyo (de él).

En este capítulo veremos los pronombres personales, posesivos, relativos y reflexivos.

1. Pronombres personales

Existen dos tipos de pronombres personales según hagan función de sujeto o de objeto:

Pronombres	*Sujeto*
I	yo
You	tú, usted
He, she, it	él, ella, ello
We	nosotros/as
You	vosotros/as
They	ellos/as

El pronombre personal *I* (yo) se escribe siempre con mayúscula, aunque esté en medio de una frase. El pronom-

47

bre personal de segunda persona *you* (tú, usted) se emplea tanto en singular como en plural. Este pronombre puede tener valor impersonal en frases como: *You need a ball to play basket* (se necesita un balón para jugar al baloncesto). En cuanto a los pronombres *he* (masculino) y *she* (femenino), se pueden utilizar cuando se quiere personificar animales domésticos. El pronombre personal neutro *it* se usa, en general, con objetos inanimados, animales y los recién nacidos. También *it* se emplea como sujeto en expresiones impersonales referidas al tiempo atmosférico, fechas y horas. Igualmente puede aparecer en expresiones impersonales.

Where is the book? It is on the table.
¿Dónde está el libro? Está sobre la mesa.

I am not afraid of your dog. It is very nice.
No tengo miedo de tu perro. Es muy cariñoso.

Look at the baby. It is always crying.
Mira al niño. Está siempre llorando.

It is windy today.
Hoy hace viento.

It is December 3rd.
Hoy es 3 de diciembre.

It is important to be fit.
Es importante estar en forma.

Pronombres objeto

Estos pronombres se usan como objeto directo, indirecto o regido por cualquier preposición:

me	me, a o para mí, conmigo
you	te, a o para ti, contigo, le, a o para Vd., con Vd.
him	le, lo, a o para él
her	la, le, a o para ella
it	lo, a o para ello
us	nos, a o para nosotros/as

you	os, a o para vosotros/as, Vds.
them	los, les, las, a o para ellos/as

> *He saw me. It is for him. I am waiting for her.*
> Él me vio. Es para él. La estoy esperando.

> *He did it. Peter came to see us. I will send you a parcel.*
> Él lo hizo. Pedro vino a vernos. Os enviaré un paquete.

> *I told them the truth.*
> Les conté la verdad.

Detrás del verbo *to be* se puede usar la forma nominal de sujeto u objeto. Ejemplo: *It was I/me who did it* (fui yo el que lo hizo). La forma de sujeto resulta pedante. Lo mismo ocurre en las comparaciones en las que se usa *than*: *He is a better player than I/me* (él es mejor jugador que yo).

2. Pronombres posesivos

Estos pronombres indican posesión o pertenencia.

mine	mío/a, míos/as
yours	tuyo/a/os/as, suyo/a/os/as (de usted)
his	suyo/a/os/as (de él)
hers	suyo/a/os/as (de ella)
its	suyo/a/os/as (de ello)
ours	nuestro/a/os/as
yours	vuestro/a/os/as
theirs	suyo/a/os/as (de ellos)

Excepto en los casos de *mine*, los demás pronombres posesivos se forman añadiendo una *-s* al adjetivo posesivo correspondiente, siempre que no termine ya en *-s*, como es el caso de *his* e *its*.

Recuérdese que el posesivo en inglés concuerda con el poseedor sin tener en cuenta ni el género ni el número de lo poseído:

> *This book is mine.*   Este libro es mío.
> *These books are mine.*   Estos libros son míos.

Se usa el pronombre posesivo en expresiones idiomáticas como:

> *a friend of mine*   un amigo mío
> *a toy of mine*   un juguete mío

El pronombre de segunda persona se emplea en las cartas a modo de despedida:

> *Yours sincerely,*   Le saluda atentamente.
> *Yours faithfully,*   Le saluda cordialmente.
> *Yours,*   Tuyo o suyo.

El equivalente en inglés de mío/a/os/as es simplemente *mine* (no se usa *the* en este caso). Lo mismo ocurre con el tuyo/s que es *yours* y los demás pronombres.

3. Pronombres relativos

Los pronombres relativos relacionan la oración principal con la subordinada adjetiva. Consideremos estas dos oraciones: *Ahí hay un hombre. El hombre te está buscando.* Está claro que en ambos casos 'el hombre' es el mismo. Así podríamos unirlos con el pronombre relativo español por excelencia (que): *Ahí hay un hombre que te está buscando.* El pronombre 'que' sustituye a 'hombre'. Este sustantivo 'hombre' al que hace referencia el relativo se denomina antecedente. Así sería el mismo ejemplo en inglés: *There is the man. The man is looking for you.* Si unimos las dos oraciones tenemos: *There is the man who is looking for you.*

Los pronombres relativos son:

Who: que, quien, quienes.
   Es invariable en género y número. El antecedente es una o varias personas:

> *The girl who phoned you is called Dorothy.*
> La chica que te llamó por teléfono se llama Dorothy.

> *My father, who is in Paris, sent me a present.*
> Mi padre, que está en París, me envió un regalo.

Which: que, el cual, la cual, los/las cuales.

Es invariable en género y número. Se usa cuando el antecedente es animal o cosa:

The dog which bit you yesterday is here.
El perro que te mordió ayer está aquí.

Presenta la misma forma, tanto si se usa como sujeto (ejemplo anterior), como si se usa como objeto del verbo:

The statue, which we bought, was very beautiful.
La estatua que compramos era muy bella.

Whom: a quien, que.

The lady whom you love.   La señora que usted ama.

El antecedente es una o varias personas que hacen la función de objeto. Se usa cuando va detrás de una preposición. Otro ejemplo sería: *The man of whom I speak is Mr Jones* (el hombre al que me refiero es el Sr. Jones).
El pronombre *who* conserva algunos restos de la antigua declinación; así *whom* es el acusativo y *whose* el genitivo con significado de posesión. En el inglés moderno, *who* ha sustituido en muchos casos a *whom*. Así:

The man whom you saw is Mr Martin
El hombre al que viste es el Sr. Martin

aparece como:

The man who you saw is Mr Martin.

En ambos casos puede suprimirse el pronombre relativo.

That: que, quien, el/la cual, los/las cuales.

Es invariable en género, número y caso. Su antecedente suele ser persona, animal o cosa. Cuando se refiere a animales u objetos es sinónimo de *which* y si se refiere a personas es como *who*. *That* no puede ir precedido de preposición.

The child that weeps.
El niño que llora.

The window that you broke.
La ventana que tú rompiste.

Se usa este relativo detrás de los superlativos:

Mary is the most beautiful girl that I have ever met.
Mary es la chica más guapa que haya conocido jamás.

Whose: cuyo/a/os/as.
El antecedente suele ser persona, pero puede ser a veces una cosa, con significado equivalente a *of which*:

That person, whose car is in the street, is a doctor.
Esa persona, cuyo coche está en la calle, es médico.

That house, whose garden is a mess, is mine.
Aquella casa, cuyo jardín está poco cuidado, es mía.

Here is the lady whose gloves you found.
Aquí está la señora cuyos guantes tú encontraste.

Cuando cuyo o cuya se refieren a cosas o animales equivale, como ya dijimos, a *of which* (del cual/de la cual):

The building, whose entrance burned down, has been restored.
El edificio, cuya entrada se quemó, ha sido restaurado.

What: lo que.
Tiene el antecedente sobreentendido.

I know what I have to do.   Sé lo que tengo que hacer.
What he said was a lie.   Lo que él dijo era mentira.

Cuando la palabra *all* (todo) precede a *what* se dice *all that* y no *all what*:

All that you said is sheer nonsense.
Todo lo que dijiste es un puro disparate.

Omisión del relativo

El pronombre relativo suele suprimirse cuando hace oficio de complemento directo, es decir, cuando van precedidos de su antecedente acusativo y seguidos del sujeto y del verbo:

(*whom*)
That is the man   *I saw yesterday.*
(*that*)
(*which*)
This is the book   *I bought this morning.*
(*that*)

Suele decirse:

> *That is the man I saw yesterday.*
> Ése es el hombre que vi ayer.

> *This is the book I bought this morning.*
> Éste es el libro que compré esta mañana.

También puede suprimirse el pronombre relativo cuando va precedido de una preposición, colocando ésta después del verbo:

> *The girl to whom this book belongs has gone away*

pasaría a ser:

> *The girl this book belongs to has gone away.*
> La chica a quien pertenece el libro se ha marchado.

> *The man about whom you're speaking.*
> *The man you are speaking about.*
> El hombre de quien estás hablando.

> *I have lost the scissors with which I cut the cloth.*
> *I have lost the scissors I cut the cloth with.*
> He perdido las tijeras con las que cortaba la tela.

53

4. Pronombres reflexivos

Las formas en singular acaban en -*self* y en plural en -*selves*. Así, la segunda persona del singular es *yourself*, mientras que en plural se usa *yourselves*. Se emplean estos pronombres cuando el sujeto es agente y paciente a la vez; así, en la frase: *yo me lavo*, yo es el sujeto y el objeto de la acción verbal.

Las formas del pronombre reflexivo son:

myself	me, yo mismo, a mí mismo
yourself	te, tú mismo, a ti mismo, se, a sí mismo
himself	se, él mismo, a sí mismo
herself	se, ella misma, a sí misma
itself	se, ello mismo, a sí mismo
ourselves	nos, nosotros/as mismos/as, a nosotros mismos/as
yourselves	os, a vosotros/as mismos/as, a Uds. mismos/as
themselves	se, ellos/as mismos/as, a ellos/as mismos/as

Obsérvese el uso:

I didn't hurt myself.
No me hice daño.

Normalmente al hispanohablante le suponen cierta dificultad frases en las que el sujeto de una de ellas es un objeto inanimado, en las que no se emplea el pronombre reflexivo. Así: La puerta se abrió, debe traducirse por *The door opened*; o El vaso se rompió, por *The glass broke*.

Will you behave yourself?
¿Quieres hacer el favor de comportarte?

He enjoyed himself at the party.
Él se divirtió en la fiesta.

Mary expresses herself clearly.
Mary se expresa claramente.

The radio turns itself on every day at 7 o'clock.
La radio se enciende sola a las 7 en punto.

You ought to be ashamed of yourselves.
Deberían avergonzarse de ustedes mismos.

We found ourselves a little lost at first.
Nos encontramos un poco perdidos al principio.

They hurt themselves when they had the accident.
Resultaron heridos cuando tuvieron el accidente.

Hay que tener en cuenta que en inglés algunos verbos ya llevan en sí la idea de acción reflexiva, por lo que no hace falta añadirles el pronombre reflexivo:

She gets up at seven o'clock   Ella se levanta a las 7.
I'll always remember you.   Siempre me acordaré de ti.

Frases en español del tipo me lavo, me peino, no necesariamente llevan el pronombre reflexivo inglés, a no ser que se quiera poner énfasis en que esas acciones se hacen en singular:

The little child can wash himself.
El niño pequeño se lava solo.

I shave myself.
Me afeito yo mismo.

En general los verbos reflexivos son menos frecuentes que en español. Hay muchos verbos que son reflexivos en castellano, pero no en inglés; por ejemplo: *wake up* (despertarse), *get up* (levantarse), *get dressed* (vestirse), *sit down* (sentarse). Es frecuente el uso del pronombre reflexivo cuando se quiere dar un matiz enfático:

The doctor himself gave me the injection.
El médico me puso él mismo la inyección.

The President himself spoke to the soldiers.
El Presidente en persona se dirigió a los soldados.

Muchos de los reflexivos españoles se traducen al inglés con expresiones formadas con *get*:

casarse: *get married.*
aburrirse: *get bored.*
enfadarse: *get angry.*

Los pronombres reflexivos aparecen con expresiones de uso muy frecuente:

Help yourself.   Sírvase usted mismo.
Make yourself at home.   Siéntase como en su casa.

En la página siguiente se presenta una tabla que puede servir de repaso de algunos de los pronombres tratados, contrastándolos entre sí:

Pronombres personales		Adjetivos posesivos	Pronombres posesivos	Pronombres reflexivos
Sujeto	*Objeto*			
I	Me	My	Mine	Myself
You	You	Your	Yours	Yourself
He	Him	His	His	Himself
She	Her	Her	Hers	Herself
It	It	Its	Its	Itsefl
We	Us	Our	Ours	Ourselves
You	You	Your	Yours	Yourselves
They	Them	Their	Theirs	Themselves

I have a book. It belongs to me. It is my book. The book is mine.
Tengo un libro. Me pertenece a mí. Es mi libro. El libro es mío.

You have a house. It belongs to you. It is your house. The house is yours.
Tú tienes una casa. Te pertenece a ti. Es tu casa. La casa es tuya.

He's got a pen. It belongs to him. It is his pen. The pen is his.
Él tiene una pluma. Le pertenece a él. Es su pluma. La pluma es suya.

She has a flat. It belongs to her. It is her flat. The flat is hers.
Ella tiene un piso. Le pertenece a ella. Es su piso. El piso es suyo.

We have a garden. It belongs to us. It is our garden. The garden is ours
Tenemos un jardín. Nos pertenece a nosotros. Es nuestro jardín. El jardín es nuestro.

You have a dog. It belongs to you. It is your dog. The dog is yours.
Vosotros tenéis un perro. Os pertenece a vosotros. Es vuestro perro. El perro es vuestro.

They have a computer. It belongs to them. It is their computer. The computer is theirs.
Ellos tienen un ordenador. Les pertenece a ellos. Es su ordenador. El ordenador es suyo.

5. Pronombres interrogativos

Who, whom y *whose* pueden ser, además de relativos, pronombres interrogativos, en cuyo caso se usan sólo para personas. En relación con estos pronombres se puede mencionar "la ley de las cinco *w*", según la cual toda noticia o información debiera responder a los cinco interrogantes siguientes: *what* (qué), *who* (quién), *where* (dónde), *when* (cuándo) y *why* (por qué).

Who: ¿quién?
Se usa para preguntar por personas, sin distinción de género ni de número:

Who broke the door?   ¿Quién rompió la ventana?
Who is the king of Spain?   ¿Quién es el rey de España?

Las formas *whom* y *whose* ya fueron explicadas en el apartado de pronombres relativos. *Whom* es el caso acusativo de *who*: *nhom did you see?* (¿A quién viste?); sin embargo, es más frecuente decir: *Who did you see?*

Whose: es el genitivo de *who*.
Se usa para preguntar quién es el poseedor de un objeto: *Whose is this car?* (¿De quién es este coche?).

What: ¿qué?
Se usa para preguntar por cosas: *What do you want?* (¿Qué quieres?).

Which: ¿cuál?
Su uso es parecido al de *what*, pero *which* pone el énfasis en la idea de selección:

Which colour did you choose?
¿Qué color elegiste?

Cuando en la interrogación hay una preposición, ésta se puede colocar al final de la frase:

With what did you write?
¿Con qué escribiste?
What did you write with?
To whom did you give the parcel?
¿A quién le diste el paquete?
Who did you give the parcel to?

6. Pronombres indefinidos

Son coincidentes en la forma con los adjetivos. Vamos a recordar los más frecuentes:

Some: algún/alguno/a/os/as (en frases afirmativas):

Some are more expensive. Algunos son más caros.

Any: alguno/a/os/as (oraciones interrrogativas); ningún/ninguno/a/os/as (oraciones negativas):

Are there any on your desk? No, there aren't any.
¿Hay algunos en tu escritorio? No, no hay ninguno.

Son muy frecuentes las formas compuestas de *some* y *any*:
something (algo), *anything* (algo, nada), *nothing* (nada);
somebody (alguien), *anybody* (alguien, nadie), *nobody*
(nadie), etc.:

I've brought you something   Te he traído algo.
Did you see anything?   Vio usted algo?
Somebody phoned you yesterday   Alguien te llamó ayer.
There is nobody home   No hay nadie en casa.

All: todo/s

All is finished.   Todo ha acabado.

Much: mucho/a

Much of what you say is true.
Mucho de lo que dices es verdad.

Many: muchos/as

I have a few, but not many.
Tengo algunos, pero no muchos.

A lot: mucho/a/os/as

Thanks a lot.
Muchas gracias.

Money? He has a lot.
¿Dinero? Tiene mucho.

A little: un poco

They speak just a little.
Ellos hablan un poco.

A few: algunos/as

She has got a few friends.
Tiene algunos amigos.

Enough: suficiente, bastante.

> *I have had enough.*
> He tenido suficiente.

Both: ambos/as, los/las dos.

> *I love both.*
> Los quiero a los dos.

7. Pronombres distributivos

Each: cada uno

> *Each brought his own car.*
> Cada uno trajo su coche.

Either: cualquiera de los dos

> *Either will suit me.*
> Cualquiera de los dos me vendrá bien.

Neither: ninguno de los dos

> *I will buy neither.*
> No compraré ninguno de los dos.

Each other: mutuamente, el uno al otro.

> *The two brothers love each other.*
> Los dos hermanos se quieren.

One another: el uno al otro, mutuamente

> *They fought against one another.*
> Lucharon el uno contra el otro.

8. Pronombres demostrativos

Presentan la misma forma que los adjetivos demostrativos, pero se distinguen por la función que hacen en la frase.

Son adjetivos cuando los sigue un sustantivo, y pronombre cuando no van acompañando al nombre.

> *Those are my pencils.* (pron.)
> Ésos son mis lápices.

> *Those pencils are mine.* (adj.)
> Esos lápices son míos.

En ocasiones los pronombres demostrativos van reforzados por el pronombre *one* para evitar repetir un nombre mencionado anteriormente:

> *I like red jumpers, but not that one.*
> Me gustan los jerseys rojos, pero no ése.

> *I want those ones.*
> Quiero aquéllos.

> *I prefer this book rather than that one.*
> Prefiero este libro a aquél.

Ejercicios

1. **Escriba los pronombres posesivos en los espacios correspondientes.**

   a) This is Jane's toothbrush. It is ....
   b) These are our suitcases. They are ....
   c) Mr and Mrs Smith live here. This house is ....
   d) This tie belongs to my father. It is ....
   e) I have a dictionary. It is ....
   f) This is John's bike. It is ....
   g) Tell him not to forget his ticket; she mustn't forget .... either.
   h) This is my pencil, not ....
   i) It is not my jacket, ... is brown.
   j) Steve, I don't have a pen. Can I borrow ....

2. **Complete las oraciones con los pronombres adecuados.**

   a) Am .... late? No, ... are early.
   b) Is Peter at home? Yes, ... is in his room.
   c) Are the students French? No, ... are English.
   d) Are .... two from Portugal? No, ... are from Italy.
   e) Is the ballpen on the table? No, ... is on the floor.

3. **Ponga los pronombres relativos en los espacios en blanco.**

   a) His story, ... happens to be true, sounds incredible.
   b) This is the boy .... pen I borrowed.
   c) The man to .... I have been speaking is a very good friend of mine.
   d) Our cat, ... is a very wild animal, likes to pull up the plants.
   e) The dog .... I saw in the garden last night was not ours.

4. **Rellene los espacios en blanco con los pronombres interrogativos.**

   a) .... car is that? It's my brother's.

b) _____ came yesterday? Peter and Mary.

c) _____ did she talk to? She talked to her teacher.

d) _____ son are you?

e) _____ are you thinking about?

f) _____ sent you that letter?

g) _____ did you see this morning?

h) _____ one do you prefer?

i) _____ happened to you yesterday?

j) _____ is this laptop? It's my father's.

5. Traduzca al inglés.

a) No tengo nada que comer.

b) Tengo algo que decirte.

c) ¿Es eso todo? —dijo la empleada.

d) ¿Tienes muchos amigos? No, sólo unos pocos.

e) Luis y Teresa se envían correos electrónicos todas las noches.

f) ¿Ha llamado alguien?

g) ¿Hay algo en el frigorífico?

h) ¿Quién ha venido de los dos hermanos? Los dos.

i) ¿Has contestado todas las preguntas del examen? No, sólo algunas.

j) Ninguno es real, ambos son falsos.

Capítulo VI

El adverbio

De la misma forma que el adjetivo funciona como adjunto o modificador del sustantivo, en el grupo verbal se puede considerar al adverbio como el adjunto o modificador principal del verbo:

> *He ran quickly.*
> He corrió rápido.

El adverbio puede calificar también a un adjetivo o a otro adverbio:

> *It's too good for you.*
> Es demasiado bueno para ti.

> *She eats very slowly.*
> Ella come muy despacio.

Podemos clasificar los adverbios en siete grupos: de modo (*manner*), de lugar (*place*), de tiempo (*time*), de frecuencia (*frequency*), de grado (*degree*), interrogativos (*interrogative*), relativos (*relative*).

Orden de los adverbios

Cuando en una oración aparecen adverbios de lugar, tiempo y modo, el orden sería: modo, lugar y tiempo. Por ejemplo: *He walked slowly along the street yesterday* (Ayer paseó despacio por la calle).

Adverbios de modo

Responden a la pregunta de cómo se hace una acción; describen la forma en que sucede. Muchos de estos adverbios acaban en *-ly*, lo que en español corresponde a la terminación *-mente*. Algunos de ellos se forman a partir de un adjetivo, añadiéndole -*ly*: *quick* - *quickly*. Los adjetivos que acaban en -*y* precedida de consonante transforman la *y* griega en *i* latina:

easy easily → *happy* → *happily*

Aquí se citan algunos de los más usuales: *aloud* (en voz alta), *badly* (mal), *bravely* (valientemente), *carefully* (con cuidado), *easily* (fácilmente), *fast* (rápido), *hard* (con firmeza), *how* (cómo), *otherwise* (de otro modo), *quickly* (rápidamente), *quietly* (silenciosamente), *suddenly* (de repente), *together* (juntos), *well* (bien).

Adverbios de lugar

Indican dónde se realiza la acción. Los principales adverbios de lugar coinciden con las preposiciones del mismo nombre: *above* (sobre), *abroad* (en el extranjero), *across* (al otro lado), *away* (fuera, lejos), *back* (de vuelta), *behind* (detrás), *below* (debajo), *down* (abajo), *far* (lejos), *here* (aquí), *near* (cerca), *off* (fuera), *on* (en, encima), *out* (fuera), *there* (allí), *up* (arriba).

Adverbios de tiempo

Expresan cuándo tiene lugar la acción. Éstos son los más frecuentes: *after* (después), *ago* (hace), *a week ago* (hace una semana), *at first* (al principio), *at last* (al fin, por fin), *at once* (inmediatamente), *before* (antes), *early* (temprano), *late* (tarde), *now* (ahora), *soon* (pronto), *today* (hoy), *tomorrow* (mañana), *yesterday* (ayer).

Adverbios de frecuencia

Dentro del apartado de estos adverbios hay que recordar los de frecuencia: *always* (siempre), *frequently* (frecuentemente), *from time to time* (de vez en cuando), *generally* (generalmente), *never* (nunca), *now and then* (de vez en cuando), *often* (a menudo), *once* (una vez), *sometimes* (a veces), *seldom* (rara vez), *usually* (normalmente).

Adverbios de grado

Estos adverbios expresan hasta qué grado se hace una acción. Los más frecuentes son: *almost* (casi), *enough* (bastante), *fairly* (bastante), *nearly* (casi), *quite* (completamente), *rather* (bastante), *too* (demasiado), *very* (muy).

Adverbios interrogativos

Sirven para expresar la idea de tiempo o lugar; se usan también en preguntas: *how* (¿cómo?), *when* (¿cuándo?), *where* (¿dónde?), *why* (¿por qué?).

Adverbios de afirmación

Yes (sí), *of course* (por supuesto), *certainly* (ciertamente).

Adverbios de negación

No (no), *not* (no), *never* (nunca), *not at all* (en absoluto).

Adverbios de probabilidad

Maybe (puede ser), *perhaps* (quizá), *probably* (probablemente).

Adverbios de cantidad

Little (poco), *much* (mucho), *a lot* (mucho), *a little* (un poco).

Adverbios de relativo

Introducen una frase: *when* (cuando), *where* (donde).

That is the house where I live.
Ésa es la casa donde yo vivo.

Comparación de los adverbios

Los adverbios se comparan de igual forma que los adjetivos (véase el Capítulo 3).

Colocación de los adverbios

Los adverbios tienen muchas posiciones posibles, aunque

en inglés no suele existir tanta libertad como en español a la hora de colocarlos. Para su correcto empleo y ubicación debe tenerse en cuenta que los adverbios de lugar y tiempo van colocados normalmente al final de la frase:

I met him yesterday.   Me encontré con él ayer.

El adverbio no debe separar al verbo del complemento directo, por eso con los verbos transitivos el adverbio va detrás del complemento:

He does his work carefully.
Él realiza su trabajo con precisión.

She speaks English quite well.
Ella habla inglés bastante bien.

Los adverbios de frecuencia se colocan entre el sujeto y el verbo:

I often play football.   Juego al fútbol a menudo.

No obstante, cuando acompañan al verbo *to be* y a los modales *can, must, may*, se colocan detrás:

You are never late.   Tú nunca llegas tarde.

Sin embargo, si el tiempo es compuesto se sitúa entre el verbo auxiliar y el verbo principal:

He has always been in love with you.
Él siempre ha estado enamorado de ti.

A pesar de esta regla general, existe cierta flexibilidad en la colocación de algunos adverbios de frecuencia.

Así, *sometimes* puede ir al principio o al final de la frase:

I go to the cinema sometimes.   Voy al cine a veces.
Sometimes I go to the cinema.   A veces voy al cine.

Como se señaló anteriormente, el orden de los adverbios dentro de la oración es el siguiente: modo, lugar y tiempo:

It snowed heavily in London yesterday.
Ayer nevó copiosamente en Londres.

Finalmente se incluyen unas observaciones sobre algunos adverbios cuyo uso hay que conocer bien:

Ago

Se usa siempre después del período de tiempo, y no antes como en español. Se construye con el verbo en pasado (simple y continuo). Normalmente se traduce por hace:

They went to London two years ago.
Fueron a Londres hace dos años.

Already

Se traduce en español por ya. Indica una acción terminada anteriormente al momento de hablar. Se usa normalmente en oraciones afirmativas.

He has already seen that film.
Él ya ha visto esa película.

También puede aparecer en forma interrogativa cuando se espera una respuesta afirmativa.

Are you back already?
¿Has vuelto ya?

Yet

Tiene dos usos, según aparezca en frases negativas o interrogativas. En el primer caso se traduce por aún o todavía y en el segundo caso, por ya.

Have you finished your homework yet?
¿Has terminado ya los deberes?

Peter has not visited the city centre yet.
Peter todavía no ha visitado el centro de la ciudad.

Still

Indica que la acción está aún en proceso. Se utiliza normalmente en frases afirmativas, con el significado de aún o todavía. Se coloca entre el sujeto y el verbo.

Are you still studying English?
¿Sigues aún estudiando inglés?

Enough

Puede ir detrás de un adjetivo o de un adverbio. Sin embargo, se coloca delante del sustantivo:

He didn't run quickly enough.
No corrió lo bastante rápido.

He hasn't got enough money.
No tiene suficiente dinero.

Ever

En preguntas significa alguna vez:

Have you ever been to Santiago?
¿Has estado alguna vez en Santigo?

En frases afirmativas cuando va con un superlativo puede traducirse por nunca o jamás.

Lola is the most beautiful girl I have ever seen.
Lola es la chica más guapa que haya visto jamás.

En expresiones como *for ever* equivale a para siempre.

Too

Tiene dos significados:

a) demasiado:
It is too much for me.   Es demasiado para mí.

b) también (final de la oración):
Are you coming, too?   ¿Vienes tú también?

Ejercicios

1. Coloque los adverbios en el lugar correspondiente.

a) She reads in bed (always).

b) I smoke before breakfast (seldom).

c) My cousins go to the cinema in the evening (often).

d) Do you cook dinner? (usually).

e) Liz drinks tea (sometimes).

2. Ordene estas palabras para formar frases:

a) their hi-fi, play, far too loudly, our neighbours.

b) was, crowded, really, yesterday afternoon, the pub.

c) from Sydney, got, last night, Jill, a phonecall.

d) into a new house, they'll be, at the end of the year, moving.

e) early, goes to bed, he, sometimes.

3. Ponga estas frases en inglés:

a) Mi hermano llegó hace dos horas.

b) ¿Has estado alguna vez en Finlandia?

c) Todavía están durmiendo.

d) Nosotros también somos españoles.

e) ¿Has visto ya esa película?

4. Formule una pregunta con el adverbio interrogativo adecuado cuya respuesta sea la que se indica:

a) _____? Samantha came by bus.

b) _____? They wrote the letter yesterday.

c) _____? We went to Pakistan.

d) _____? I'm fine, thank you.

e) _____? Because I wanted to visit the Eiffel Tower.

5. Ordene adecuadamente los adverbios de las oraciones siguientes:

a) John was working (yesterday at his office, very hard, all day).

b) I shall meet you (your office, outside, tomorrow, at two o'clock).

c) They stayed (there, all night, quietly).

d) We are going (for a week, to England, on Tuesday).

e) Our teacher spoke to us (this afternoon, in class, very rudely).

6. Traduzca las siguientes frases:

a) Tu hermana vive muy lejos.

b) ¿Dónde has estado últimamente?

c) Juan conduce muy rápido por las calles.

d) El niño cruza siempre la calle con cuidado.

e) Roberto siempre llega tarde por las mañanas.

Capítulo VII

La conjunción

Las conjunciones en inglés, como en español, sirven para relacionar palabras o frases:

Samantha and Gary   Samantha y Gary

They went to Portugal and the neighbours went to France.
Ellos se fueron a Portugal y los vecinos a Francia.

Hay dos tipos de conjunciones: coordinadas y subordinadas. Las primeras unen dos elementos del mismo valor gramatical, o sea, un sustantivo con otro, un verbo con otro verbo, una frase o cláusula con otra y hasta una oración con otra:

She played and sang. (coord.)   Ella tocaba y cantaba.

Por el contrario, si una oración esta subordinada a otra, se une por medio de una conjunción subordinada:

They don't eat because they don't want to. (sub.)
Ellos no comen porque no quieren.

Las conjunciones coordinadas más frecuentes son:

And: y

We had fruit and ice cream for dessert.
Tomamos fruta y helado de postre.

Or: o

Your purse or your life!
¡La bolsa o la vida!

But: pero

They finally got to the station but it was too late.

Finalmente llegaron a la estación pero era demasiado tarde.

However: sin embargo

> *I told him not to do it. However, the next day he did it.*
> Le dije que no lo hiciera. Sin embargo, al día siguiente, lo hizo.

También se incluyen en este apartado las llamadas conjunciones compuestas o correlativas:

Either... or...: o... o...

> *You either win or lose.*
> O se gana o se pierde.

Neither... nor...: ni... ni...

> *I have neither the time nor the patience.*
> No tengo ni el tiempo ni la paciencia.

Both... and...: tanto... como...

> *Both you and he are wrong.*
> Tanto tú como él estáis equivocados.

Not only... but also...: no sólo... sino también...

> *He, not only found the money, but took it to the sheriff.*
> Él, no sólo encontró el dinero, sino que se lo llevó al sheriff.

Las conjunciones de subordinación que unen oraciones de diferente valor sintáctico, pueden ser:

a) Nominales (unidas por la conjunción).
The boy said that he was tired
(or. principal + or. subordinada)
El chico dijo que estaba cansado.

She told me that she was ill.
Ella me contó que estaba enferma.

b) Adjetivas o de relativo (aparecen en otro capítulo).

c) Adverbiales: Introducen una subordinada adverbial. Éstas se pueden subdividir en:

1. DE TIEMPO

After: después que

> *She arrived after I had left.*
> Ella llegó después que yo me hubiera marchado.

When: cuando

> *We don't know when she will come.*
> No sabemos cuándo vendrá ella.

While: mientras

> *Do it while the sun shines.*
> Hazlo mientras haga sol.

Until: hasta

> *They will wait until you arrive.*
> Ellos esperarán hasta que llegues.

Before: antes

> *Mark lit a cigarette before he sat down.*
> Mark encendió un cigarrillo antes de sentarse.

Since: desde

> *He has not spoken since he left the house.*
> Él no ha hablado desde que se fue de casa.

As: como, cuando, mientras

> *He was arrested as he was leaving the bank.*
> Fue arrestado cuando salía del banco.

2. DE LUGAR

Where: donde

The watch was where we left it.
El reloj estaba donde lo dejamos.

Wherever: dondequiera que

I'll follow you wherever you go.
Te seguiré a dondequiera que vayas.

3. DE MODO

As: como

Do it as you like.
Hazlo como quieras.

As if: como si

He answered as if he had not understood the question.
Contestó como si no hubiera entendido la pregunta.

4. COMPARATIVAS

as... as...: tan... como...
not so... as...: no tan... como...

We ran as fast as we could.
Corrimos tan rápido como pudimos.

Peter doesn't speak English so well as you.
Pedro no habla inglés tan bien como tú.

5. FINALES

so that: para
in order that: para

I sent her some money so that she could buy it.
Le envié a ella dinero para que pudiera comprarlo.

6. CONDICIONALES

Se explicarán en el apartado de las oraciones condicionales.

If: si

I'll write it if you wish.
Escribiré si lo deseas.

Unless: si no, a menos que

They will come unless it snows
Vendrán si no nieva.

7. CONCESIVAS

Although: aunque

Although he sent me a couple of letters I haven't answered it yet.
Aunque me envió un par de cartas, no le he contestado aún.

I will go with Peter though I don't like him.
Iré con Peter aunque no me gusta.

8. CONJUNCIONES CAUSALES

Because: porque

Mike isn't eating because he doesn't want to.
Mike no come porque no quiere.

As: como

As she was in a hurry, she took a taxi.
Como tenía prisa, tomó un taxi.

Since: desde

Many things have happened since I left school.
Han ocurrido muchas cosas desde que dejé el colegio.

Posición de las conjunciones

Se suelen colocar delante de la oración a la que rigen.

I came because I wanted to see you.
Vine porque quería verte.

He isn't very clever but he works hard.
No es muy inteligente pero trabaja mucho.

No obstante, también hay un grupo de conjunciones que pueden tomar la posición final o intermedia. Por ejemplo: *accordingly* (por consiguiente), *all the same* (a pesar de todo), *anyway* (de todas maneras), *besides* (además), *nevertheless* (no obstante), *however* (sin embargo), *though* (aunque).

She gets very bad marks. She is very clever, though.
Saca muy malas notas aunque es muy inteligente.

A veces no es fácil distinguir el uso de las conjunciones, adverbio o preposición, que deben diferenciarse por su función:

I haven't seen her since Tuesday. (prep.)
No la he visto desde el martes.

I haven't seen her since then. (adv.)
No la he visto desde entonces.

I haven't seen her since she went to London. (conj.)
No la he visto desde que se fue a Londres.

Ejercicios

1. Una las dos frases con la conjunción adecuada.

a) You must be quiet _____ leave the room.

b) Peter is slow _____ he is sure.

c) The band was playing _____ the children were dancing.

d) He sells books , notebooks _____ pencils in his shop.

e) She didn't pass the exam _____ she worked hard.

f) We hurried up _____ it was getting late.

g) I will go _____ I am not ill.

h) She left _____ the rain stopped.

i) John speaks Spanish _____ he has never been to Spain.

j) _____ you _____ Dad must sign this letter.

2. Traduzca las siguientes oraciones:

a) María y yo fuimos al cine ayer.

b) Él tiene mucho dinero pero no es feliz.

c) Ni tú ni yo podemos saberlo.

d) No se fue de la oficina hasta que acabó la tarea.

e) No sabemos si es correcto o no.

f) Se fue a dormir porque estaba cansado.

g) Aunque hace frío nunca se pone el abrigo.

h) Sam vive muy cerca, sin embargo siempre va en coche.

i) Hazlo como te dije.

j) Lo mandaron a Inglaterra para que aprendiera inglés.

Capítulo VIII

La preposición

La preposición es una parte invariable de la oración que relaciona al sustantivo o a las palabras que hagan su función, con otra parte de la oración. Así, consideraremos separadamente dos palabras: salimos y jardín: una es un tiempo verbal, y la otra un sustantivo. Entre ambas palabras podemos establecer una relación por medio de las preposiciones (del, al, por, hacia, hasta):

salimos del jardín
salimos al jardín
salimos por el jardín
salimos hacia el jardín
salimos hasta el jardín

Las preposiciones no solamente enlazan un verbo con un nombre, como en el caso anterior, sino que también pueden unir un nombre con otro: *el libro de Juan, el gato con botas.*

Las preposiciones son mucho más abundantes en inglés que en castellano, ya sea en su forma simple o en los compuestos con otras preposiciones, o con verbos, sustantivos, etc. En español sólo hay 19 bien definidas, la famosa lista: a, ante, bajo, cabe… En inglés el número es mucho mayor de acuerdo con el criterio que se emplee.

Desde el punto de vista gramatical, el alumno debe recordar que hay muchas preposiciones inglesas que se emplean también como adverbio. Veamos el caso de *near*:

I live near the Post Office.
Vivo cerca de la Oficina de Correos.
(aquí *near* es preposición, pues va seguido de sustantivo).

I live near. Vivo cerca.
(aquí es adverbio, pues no le sigue un sustantivo).

En inglés hay preposiciones que presentan forma de una sola palabra: *in, for, of* y otras que son compuestas de dos preposiciones: *out of, inside of, from among*.

Las preposiciones inglesas tienen muchos significados en español y no siempre se usan en los mismos casos que en nuestro idioma. Por esta razón son de difícil empleo. Tal vez sea ésta la parte que más dificultades plantea al estudiante, puesto que no hay reglas que se puedan seguir; únicamente podemos tratar de observar y recordar la preposición en relación con la palabra o elementos de la oración con la que generalmente se emplean. Por ejemplo: *go to, followed by, in the park, on the street, at home, arrive at, dream about, think of, laugh at, depend on, taste of...*

El verbo que va a continuación de una preposición debe ir en gerundio, lo que en español traducimos a veces por infinitivo precedido de preposición:

We went out without saying a word.
Salimos sin decir una (sola) palabra.

Besides being rich, he is clever.
Además de (ser) rico, es inteligente.

Write a letter before coming to Spain.
Escribe una carta antes de venir a España.

Por cuestión de procedimiento se dan aquí las diez preposiciones que se usan más frecuentemente en la lengua, con sus distintas acepciones.

1. About

a) acerca de, sobre, alrededor de:
   It is about 3 o'clock.
   Son alrededor de las tres.
   We talked about life.
   Hablamos acerca de la vida.

b) por todo:
   There are many books about the floor.
   Hay muchos libros por todo el suelo.

c) por:

> *The Town Hall is about the market.*
> El Ayuntamiento está por el mercado.

d) de:

> *They talk about politics.*
> Ellos hablan de política.

e) a punto de:

> *The train is about to leave.*
> El tren está a punto de salir.

A veces se pone al final de la frase:

> *What are you talking about?*
> ¿De qué estás hablando?

f) Es muy frecuente el uso del modismo *what about*:

> *I'm going to the cinema, what about you?*
> Yo me voy al cine, ¿y tú?

2. At

a) Lugar: en

> *He is at home.*
> Él está en casa.
> *She is at the bus stop.*
> Ella está en la parada del autobús.

- a, hacia

> *He is looking at me.*
> Él me está mirando a mí.
> *We are arriving at the station.*
> Llegamos a la estación.

b) Tiempo: a (horas)

> *We start at three o'clock.*
> Comemos a las tres en punto.

c) Usos especiales:

> *at war, at work, at church*
> en guerra, en el trabajo, en la iglesia

At se emplea para decir que una persona ha llegado al sitio al cual se proponía ir. *At the cinema* no nos dice si está dentro o fuera, o en el bar tomando algo; sólo nos dice que está allí. Otro ejemplo: *at the beach* (en la playa).

También se usa en frases elípticas en las que se sobreentienden las palabras: casa, hotel, café, almacén, tienda, etc.

We had lunch at Dino's.
Almorzamos en Dino (restaurante).

They shopped at Selfridge's.
Compraron en Selfridge (grandes almacenes)

I live at my uncle's.
Vivo en casa de mi tío.

Se usa también refiriéndose a un período de tiempo:

at dawn at night at Christmas.
al amanecer por la noche en Navidad.

At expresa una situación geográfica o un punto en particular:

She waited at the bus stop.
Ella esperó en la parada del autobús.

They live at 18 Baker Street.
Viven en el número 18 de Baker Street.

I live at Bath but he lives in London.
Yo vivo en Bath pero él vive en Londres.

También se usa *at* cuando se habla de lugares donde se presta algún tipo de servicio: *at the hairdresser's* (en la peluquería), *at the dentist's* (en el dentista). En algunos casos el diferente uso de *at* o *in* le confiere a la frase una diferencia en el significado:

She is in prison (because she robbed a bank).
Ella está en prisión (porque robó un banco).

At se emplea en frases como:

to sit at the table (sentarse a la mesa)

Mary is good at Maths (Mary es buena en matemáticas)
At two dollars each (a dos dólares cada uno)

3. By

a) por (de proximidad), junto a:
   He is standing by the house.
   Él está junto a la casa.
   Stand by me!
   ¡Quédate conmigo!

b) Como ablativo agente:
   It was painted by Picasso.
   Fue pintado por Picasso.

c) Se emplea al hablar de un medio de locomoción: *by bus* (en autobús), *by car* (en coche), *by plane* (en avión) *by train* (en tren), *by underground* (en metro).

d) Expresiones como:`
   to learn by heart, to play by ear
   aprender de memoria, tocar de oído
   to win by a hair's breadth
   ganar por los pelos

e) de (autor):
   A novel by Hemingway
   Una novela de Hemingway

f) con el significado de para:
   The work will be finished by ten o'clock.
   El trabajo estará acabado para las diez.

4. For

a) para:
   This is a present for you.
   Éste es un regalo para ti.
   This is for you to keep.
   ¡Quédatelo! (lit. esto es para que lo guardes).

b) por:
> *She voted for him.*
> Ella votó por él.

c) durante:
> *I have been working for three hours.*
> Llevo trabajando desde hace tres horas.
> (lit. he estado trabajando durante...)

d) Extensión de espacio:
> *They walked for miles.*
> Caminaron durante millas.

e) Expresiones: *for ever* (para siempre), *for the time being* (por el momento).

5. From

a) Punto de partida: de, desde (de procedencia, persona, lugar o tiempo).
> *from three to six o'clock*
> desde las tres a las seis en punto
> *from Madrid to Malaga*
> desde Madrid a Málaga
> *from me to you*
> de mí para ti

b) de (causa):
> *He suffered from headaches.*
> Él sufría de dolores de cabeza.

c) de (distinción):
> *This is different from silk.*
> Esto es diferente de la seda.

d) de (componente):
> *Wine is made from grapes.*
> El vino se hace de la uva.

6. In

a) Lugar: en, dentro de

They were in the house.
Estuvieron en la casa.

b) tiempo: dentro de
   I'll be with you in two days.
   Estaré contigo dentro de dos días.
   She'll marry him in two years' time.
   Ella se casará con él dentro de dos años.

c) Expresiones: *in the shade* (a la sombra), *in a hurry* (con prisa), *in poor health* (con mala salud), *in white* (de blanco), *in the sun* (al sol), *in ink* (a tinta).

d) Cuando se habla de un lugar grande:
   The weather is awful in Siberia.
   El tiempo es horrible en Siberia.

e) También se traduce por de cuando se refiere a un lugar que acompaña a un superlativo:
   Paris is the largest city in France.
   París es la ciudad más extensa de Francia.

7. Of

a) Indica posesión, relación o paternidad literaria: de
   The work of Dickens. The Iliad of Homer
   La obra de Dickens. La Iliada de Homero

b) de (partitivo):
   a piece of bread un trozo de pan
   a kilo of butter un kilo de mantequilla
   six of them seis de ellos

c) de (causa):
   He died of a heart attack.
   Él murió de un ataque al corazón.
   I am ashamed of you.
   Me avergüenzo de ti.

d) Con el significado de en:
   I am thinking of you.
   Pienso en ti.

e) Material del que está hecho algo:
   It's made of steel.
   Está hecho de acero.
   Wedding rings are made of gold.
   Los anillos de boda están hechos de oro.
   Uniendo dos nombres:
   The legs of the table.
   Las patas de la mesa.

8. On

a) Lugar: cuando un objeto está inmediatamente encima de otro:
   There is a book on the table.
   Hay un libro en la mesa.
   The child was on the floor.
   El niño estaba en el suelo.
   Veamos las diferencias entre *on* e *in*:
   Mary has a purse in her hand.
   Mary tiene un monedero en la mano.
   The toy is on the floor.
   El juguete está en el suelo.

b) Con los días de la semana:
   He saw her on Tuesday.
   Él la vio el martes.

c) Otros usos:
– Estado o condición:
   on business (de negocios)
   on fire (ardiendo)
   on holiday (de vacaciones)
   on sale (a la venta)
   on purpose (a propósito)
   on the way to (de camino a)
– A tiempo:
   He never comes on time.
   Él nunca llega a tiempo.
– A la derecha/izquierda:
   On the right/on the left.

A la derecha/a la izquierda.

– Acerca de, sobre:

The teacher gave a lecture on a difficult matter.
El profesor disertó sobre un asunto difícil.

– Expresiones: *On foot* (a pie), *on duty* (de guardia), *on leave* (de permiso), *on the whole* (en general), *on the average* (de media), *on horseback* (a caballo), *on board* (a bordo).

9. To

a) Indica un movimiento hacia (dirección):

He went from Mexico to U.S.A. in the summer.
Fue de México a EE.UU. en verano.
We are on the way to the airport.
Estamos de camino al aeropuerto.

b) Hasta:

From nine to eleven.
Desde las nueve hasta las once.
A glass full to the brim.
Un vaso lleno hasta el borde.

c) Se usa con las horas:

It's ten to four.
Son las cuatro menos diez.

d) Para (oraciones finales):

I fought to save my life.
Luché para salvar mi vida.
Acompañando al infinitivo:
To be or not to be, that's the question.
Ser o no ser, ése es el dilema.
Con el complemento indirecto:
She sent it to me.
Ella me lo envió a mí.

Expresiones: *from bad to worse* (de mal en peor), *to my surprise* (para mi sorpresa), *It's up to you* (depende de ti).

10. With

a) Con (compañía):

She will come with me.
Ella vendrá conmigo.
Don't cut it with your knife.
No lo cortes con tu cuchillo.

b) De (materia):
   It is made with flour and butter.
   Está hecho con harina y mantequilla.
   She filled the glass with whisky.
   Ella llenó el vaso con whisky.

c) Expresiones:
   I have no money with me.
   No llevo dinero encima.
   He is mad with her.
   Está muy enfadado con ella.
   I'm angry with you.
   Estoy enfadado contigo.

A continuación se presentan las preposiciones más importantes de lugar, de tiempo y de movimiento:
- Preposiciones de lugar: *above* (encima de), *among* (entre), *behind* (detrás), *below* (debajo de), *beside* (al lado), *between* (entre), *in front of* (delante de), *inside* (dentro), *outside* (fuera), *on top of* (sobre), *round* (alrededor), *opposite* (en frente de), *near* (cerca), *from... to* (de... a).
- Preposiciones de tiempo: *until* (hasta que), *during* (durante), *before* (antes), *after* (después), *between* (entre), *for* (durante), *through* (por), *up to* (hasta).
- Preposiciones de movimiento: *up* (hacia arriba), *down* (hacia abajo), *towards* (a, hacia), *away from* (en dirección opuesta a), *over* (por encima de), *under* (por debajo de), *along* (por, a lo largo de), *across* (al otro lado de), *(a)round* (alrededor), *through* (a través de), *into* (hacia dentro), *out of* (fuera de), *off* (fuera de, de).
- Preposiciones compuestas: *according to* (según), *along with* (junto a), *as far as* (hasta), *apart from* (a parte de), *because of* (a causa de), *close to* (cerca de), *due to* (debido a), *except for* (excepto), *far from* (lejos de), *for*

90

the sake of (por consideración a), *in case of* (en caso de), *in comparison with* (en comparación con), *in favour of* (a favor de), *in order to* (para, con el fin de), *in the middle of* (a mitad), *in spite of* (a pesar de), *instead of* (en lugar de), *on behalf of* (en representación de), *on top of* (encima de).

Colocación de la preposición

La preposición en inglés suele colocarse, como en español, inmediatamente delante de la palabra que rige:

> *The cat is under the table.*
> El gato está debajo de la mesa.

> *Stay with me.*
> Quédate conmigo.

En inglés, generalmente se evita comenzar cualquier pregunta con una preposición. En este tipo de oraciones debe colocarse la preposición al final y comenzar con la palabra interrogativa. Así, no debería decirse: *At what are you looking?*, sino *What are you looking at?*

> *Where do you come from?*
> ¿De dónde vienes?

> *What country did you go to?*
> ¿A qué país fuiste?

> *Who did she come with?*
> ¿Con quién viniste?

Esta regla, como ya se ha mencionado anteriormente, vale para las oraciones de relativo:

> *He is the man about whom I spoke to you.*
> *He is the man (whom) I spoke to you about.*
> Es el hombre acerca del cual te hablé.

> *Spain is the country from which I come.*
> *Spain is the country I come from.*
> España es el país de donde procedo.

Ejercicios

1. Coloque las preposiciones *about, at, by, for, from, in, of, on, to, with,* **en los espacios en blanco.**

a) She is always talking _____ her problems.

b) The boy often leaves his toys _____ the floor.

c) He bought a present _____ his brother.

d) The rooms _____ the house are painted in white.

e) The students are _____ their classroom.

f) They arrived at Granada _____ bus.

g) We open _____ Monday _____ Friday.

h) They went to the zoo _____ their children.

i) They were fishing _____ the river.

j) We were annoyed _____ his mistakes.

k) The hospital is _____ the left.

l) Juan came home _____ December.

m) We are playing a tennis match _____ Sunday.

n) 'Las Meninas' was painted _____ Velazquez.

o) The table is made _____ glass.

p) We always meet _____ Christmas.

q) They have lived here _____ five years.

r) Jane got up early _____ catch the 8 o'clock train.

s) He died _____ cancer the day before yesterday.

t) It is the largest river _____ the U.S.A.

2. Traduzca las siguientes oraciones:

a) Hay una foto encima del televisor.

b) Ella se despertó dos veces durante la noche.

c) Fuimos río abajo hasta llegar al pueblo.

d) Robert miró por la ventana mientras llovía.

e) Mi casa está entre el Ayuntamiento y Correos.

f) El gato está sentado debajo de la mesa.

g) No servimos comidas después de las tres de la tarde.

h) El colegio no está lejos del centro de la ciudad.

i) Hay un hombre tocando la guitarra fuera de la iglesia.

j) Jane cruzó la calle para comprar fruta.

Capítulo IX

El verbo. Formas no personales

El verbo es la parte de la oración con la que expresamos acciones, estados y sucesos. Tradicionalmente dicen los gramáticos que el verbo expresa la acción que realiza o sufre el sujeto. La frase verbal, en general, actúa de predicado.

Los procesos del verbo presentan diferentes aspectos (formas continuas o progresivas), diferentes modos (indicativo, imperativo...), diferentes tiempos (presentes, pasados, futuros…) y distintas voces (activa y pasiva). Estas tres categorías verbales (aspecto, tiempo y modo) tienen en cada idioma una importancia distinta y es la causa de que varíen los sistemas verbales.

A diferencia del nuestro, el verbo inglés es mucho más sencillo. Por ejemplo, todas las personas del presente simple acaban igual, excepto la 3.ª persona del singular que lo hace siempre en -s. Además hay menos tiempos que en castellano y el modo subjuntivo tiene un uso muy limitado.

En relación con su comportamiento morfosintáctico podemos dividir los verbos en ordinarios y especiales. En el primer grupo entran los llamados también lexicales, porque contienen información léxica referencial y pertenecen a una clase abierta. Los verbos especiales se clasifican en auxiliares (*to be, to have* y *to do*) y modales, llamados también anómalos o defectivos (*can, may, must*, etc.). En algunos casos hay verbos como *shall* y *will* que pueden tener un funcionamiento de auxiliares (*will*, que se requiere para formar el futuro, y además se puede usar con el significado de querer: *Will you give me the key?*). Aparte de esta clasificación también podemos dividirlos, atendiendo a otros criterios, en regulares e irregulares. A estos primeros pertenecen la mayoría de los verbos de la lengua que se caracterizan por formar el pasado y el participio añadiendo -*ed* al infinitivo:

to play (jugar) *I played* (jugué) *I have played* (he jugado)
(infinitivo)   (pasado)   (participio pasado)

Los verbos irregulares se denominan así porque tanto el pasado como el participio no acaban en -*ed*:

to speak (hablar)   *I spoke* (hablé)   *spoken* (hablado)
(infinitivo)   (pasado)   (participio)

En algunos casos las formas del pasado y participio coinciden con el infinitivo:

to cut cut cut (cortar)

O a veces pueden alternar las dos formas regulares e irregulares, como en:

to learn learned learned (aprender)
to learn learnt learnt

Véase la lista de verbos irregulares en el apéndice.

Formas no personales del verbo

Estas formas impersonales no pueden expresar por sí solas el tiempo, número y persona, ni tampoco constituyen el verbo de la oración principal.

Estas formas son invariables. No pueden utilizarse directamente con un sujeto en una oración principal. Como en español, son tres: infinitivo, gerundio y participio.

El infinitivo:

El infinitivo se distingue por ir precedido por la preposición to:

To be or not to be, that is the question.
Ser o no ser, ése es el dilema.

To err is human, to forgive divine.
Errar es humano, perdonar es divino.

La negación se forma anteponiendo *not* al infinitivo.

Es también la forma con la que se enuncia el verbo y que aparece en los diccionarios. El infinitivo inglés tiene dos tiempos, un tiempo presente y un tiempo pasado o perfecto. El infinitivo perfecto se forma con *to have* + el participio pasado del verbo, y se emplea para describir una acción ocurrida antes de la del verbo principal de la oración.

Presente:

> *I am glad to meet you.*
> Encantado de conocerte.

Perfecto:

> *I am glad to have met you.*
> Encantado de haberte conocido.

Asimismo, el infinitivo en inglés presenta dos formas: una continua:

> *To be learning.*
> Estar aprendiendo.
> *To have been learning.*
> Haber estado aprendiendo.

Y otra pasiva:

> *To be congratulated.*
> Ser felicitado.
> *To have been congratulated.*
> Haber sido felicitado.

El infinitivo se usa precedido de *to* para expresar una idea de propósito:

> *He came to this country to live better.*
> Vino a este país para vivir mejor.
> *She bought the car to go to England.*
> Compró el coche para ir a Inglaterra.

Es frecuente el uso del infinitivo con *to* en el llamado "acusativo con infinitivo" (nombre + pronombre objeto + infinitivo con *to*):

> *I want you to come.*
> Quiero que tú vengas.
> *They asked us to leave.*
> Nos pidieron que nos marcháramos.

El infinitivo se puede usar después de un nombre o un adjetivo:

A book to read.
Un libro para leer.
A pencil to write with.
Un lápiz para escribir.
They are glad to meet you.
Están encantados de conocerte.

El infinitivo con *to* puede ser sujeto y predicado de una oración:

To travel is to live.
Viajar es vivir.
To learn English is his objective.
Aprender inglés es su objetivo.
To speak English is very useful.
Hablar inglés es muy útil.

O también complemento de un verbo:
I want to finish as soon as possible.
Quiero terminar tan pronto como sea posible.

A veces puede usarse en expresiones como:
to tell you the truth
a decir verdad

Aunque lo normal es utilizar el infinitivo colocando antes la preposición *to*, hay algunos casos en que se utiliza sin dicha preposición:
Después de los verbos defectivos (*can, must, may...*):

They must stop.
Ellos deben detenerse.

Tras verbos como *make, let, hear, watch, feel*:

We made him stay.
Le hicimos quedarse.
I heard her play the piano.
La oí tocar el piano.
Let me help you.
Déjame ayudarte.

Ejercicios

1. Traduzca las siguientes oraciones utilizando el infinitivo.

a) Leer es una buena costumbre.

b) Andar después de comer es saludable.

c) Vinieron a casa para visitar a sus padres.

d) Para llegar a ser médico, hay que estudiar mucho.

e) Quiero que llegues temprano a casa.

f) El profesor me dijo que me sentara.

g) Nos ordenaron que saliéramos inmediatamente.

h) Romper un espejo trae mala suerte.

i) Me hizo reír cuando me contó un chiste.

j) Le oímos llegar a las dos de la madrugada.

El gerundio

Se forma añadiendo *-ing* al infinitivo sin *to*: *watching*. Tiene la misma forma que el participio de presente, aunque se distinguen por su función en la oración. A pesar de ser idénticos, desempeñan diferentes cometidos:

> *I am watching a football match on television.* (Part. presente)
> Estoy viendo un partido de fútbol por televisión.
> *Swimming is healthy.* (Gerundio que actúa como sustantivo)

Nadar/la natación es sano/a. (En castellano se traduce en infinitivo, el cual también está sustantivado.)

Desde el punto de vista del hispanohablante surge una pequeña confusión con las formas progresivas que se forman con el participo de presente, ya que algunos gramáticos lo llaman gerundio, pues coincide en la traducción a nuestro idioma.

Después de ciertos verbos siempre debe usarse el gerundio:
enjoy (disfrutar, gustar) *remember* (recordar)
mind (importar) *appreciate* (apreciar)
stop (dejar de) *deny* (negar)
miss (echar de menos) *admit* (admitir)
avoid (evitar) *risk* (arriesgar)
consider (considerar) *recall* (recordar)

> *We enjoy playing football.*
> Nos gusta jugar al fútbol.

> *Would you mind closing the window?*
> ¿Te importaría cerrar la ventana?

> *The thief denied stealing the car.*
> El ladrón negó que robara el coche.

> *Have you finished doing the dishes?*
> ¿Has terminado de lavar los platos?

Algunos de ellos también pueden usarse seguidos de infinitivo, pero eso conllevaría un cambio de significado:

He stopped smoking.   Él dejó de fumar.
He stopped to smoke.   El se paró para fumar.

El gerundio inglés puede hacer la función de:
- Sujeto:
   Slimming is bad for you.
   Adelgazar no te conviene.
- Complemento de un verbo:
   I like swimming.
   Me gusta nadar.

Se debe prestar atención a estos dos usos especiales del gerundio:

1) Cuando el sujeto de la forma en -*ing* es distinto al de la oración principal, es posible una construcción con el adjetivo posesivo:
   He doesn't like my driving the car.
   No le gusta que yo conduzca el coche.
   It's not worth his waiting for you.
   No merece la pena que él te espere.
   Do you mind my smoking?
   ¿Le importa que fume?

2) *By* + gerundio indica cómo se hace una acción:
   You learn by making mistakes.
   Se aprende cometiendo errores.
   She earns her living by selling books.
   Ella se gana la vida vendiendo libros.

Ejercicios

1. **Traduzca al inglés las siguientes frases utilizando el gerundio.**

   a) Disfrutamos mucho bailando en la discoteca anoche.
   b) Le importaría cerrar la ventana.
   c) Fumar es malo para la salud.
   d) Conducir de noche es peligroso.
   e) A ellos no les gusta mi modo de cantar.

El Participio

Hay dos participios en inglés: el participio de presente, que siempre termina en -*ing* (*going, bringing, talking*..., correspondiente al gerundio español) y el participio de pasado (*washed, gone, brought*). Ambas clases de participios se emplean frecuentemente. El empleo más usual del participio de presente aparece en la construcción de los tiempos continuos (*We are speaking*). El participio de pasado termina en -*ed* en los verbos regulares (*like - liked - liked*) y adopta diferentes formas en los irregulares (*go - went - gone*), por lo que estos últimos deben memorizarse. Corresponden a la tercera columna de los verbos irregulares que se ofrecen en el apéndice. Este participio se usa para formar los tiempos compuestos y la pasiva:

He was examined by the doctor.
Fue examinado por el médico.

I have brought it with me.
Lo he traído conmigo.

Capítulo X

Los modos del verbo

Los verbos irregulares tienen tres modos: indicativo, subjuntivo e imperativo. El indicativo expresa juicios asertorios, tiene sentido de afirmación o negación de una realidad. Sus distintos tiempos se irán estudiando en los capítulos siguientes.

El imperativo es el modo que indica ruego o mandato. Se da cuando una persona (la primera) del singular ordena algo a otra (la segunda) del singular o plural:

Come! ¡Ven, venga, venid, vengan!

Sólo tiene un tiempo, el presente, que se forma con el infinitivo sin *to* (*come!*) y su forma negativa se hace colocando *don't* delante del verbo:

Wait here! ¡Espera aquí!
Don't do that! ¡No hagáis eso!
Come back later! ¡Vuelve más tarde!

A veces su uso se suaviza con la palabra *please*, o utilizando *will* o *would*:

Please, close the door!
¡Por favor, cierren la puerta!

Para expresar el resto de las personas del imperativo, el inglés se vale del verbo *let* (dejar, permitir) seguido del pronombre personal en caso objeto. La primera persona de este modo no existe en español; la forma equivalente es una especie de resolución, como si uno se dijera a sí mismo: ¡Déjame hacer eso!

Let me go. Déjame marchar.
Let's (let us) do it! ¡Hagámoslo!
Let her see it. Déjala que lo vea.

103

La forma negativa: *don't go, don't let him go* (no vayas, no le dejes marchar). En primera persona del plural, sería: *let's not go* (no vayamos). Tal vez el imperativo más famoso en el mundo sea la célebre composición de los Beatles: *Let it be!* (¡Déjalo estar!)

1. El subjuntivo

El modo subjuntivo expresa acciones hipotéticas, deseadas, temidas, que dependen de la voluntad del que habla. Algunos gramáticos cuestionan la existencia de sus formas verbales, y es que, en inglés, se utiliza muy poco en comparación con el español. Su forma es la base del verbo.

El subjuntivo constituye la diferencia mayor entre la conjugación inglesa y la española.

Frente a la amplia variedad de formas españolas, el inglés opone una casi teórica derivación, en completo desuso, y ayudada por las conjunciones o por verbos auxiliares (*may*), cuyo valor es solamente aproximado a la noción del subjuntivo en las lenguas románicas.

En inglés, el presente de subjuntivo se forma con el sujeto más el infinitivo sin *to*, coincidiendo así con el presente de indicativo (salvo que no se añade -*s* a la tercera persona del singular):

(That) I work   Que yo trabaje

En el caso del verbo *to be*, el presente del subjuntivo mantiene la misma forma que el infinitivo:

(That) they be.   Que ellos estén.

It isn't necessary that he (should) speak.
No es necesario que él hable.

I insist that she do it again.
Insisto en que ella lo haga de nuevo.

El subjuntivo aparece también en expresiones rituales y fórmulas jurídicas que tienen un sabor arcaizante:

The Lord be with you.   El Señor esté contigo.

God save the Queen. Dios guarde a la reina.
God bless you. Dios te bendiga.
Heaven be praised. Alabado sea Dios.

En cuanto al pasado, sólo hay una forma del subjuntivo que es la del verbo *to be*. Se usa *were* para todas las personas.

If I were a rich man. Si yo fuera (un hombre) rico.
I wish you were here. Ojalá estuvieras aquí.

Teniendo en cuenta el presente uso del subjuntivo en español, lo más útil para el alumno hispanohablante es comparar las formas del subjuntivo castellano con las diferentes estructuras inglesas a que equivalen.

Tras los verbos de mandato (*tell, order, request*) se emplea la construcción acusativo + infinitivo, es decir, el nombre o pronombre en acusativo seguido del infinitivo del verbo en cuestión con la preposición *to*:

She wants us to cook.
Ella quiere que nosotros cocinemos.

They ordered me to stand up.
Ellos me ordenaron que me levantara.

My parents wish her to become a doctor.
Mis padres quieren que ella se haga médico.

Con *should* + infinitivo:

It is difficult that he should understand it.
Es difícil que él lo entienda.

It is likely that I should pass this exam.
Es probable que yo apruebe este examen.

Después de las conjunciones subordinadas: *until* (hasta), *when* (cuando), *as soon as* (tan pronto como), *before* (antes). En este caso el indicativo del inglés equivale al subjuntivo del español.

She says she will tell him when they come.
Ella dice que se lo contará cuando ellos vengan.

We'll do it as soon as we arrive.
En cuanto lleguemos, lo haremos.

El verbo to *wish*, que normalmente se refiere a una situación ficticia o a algo que no se ha obtenido o realizado, se presta a su empleo en el subjuntivo. Al verbo *wish* le sigue el pasado:

> *I wish I had a car.*
> Ojalá tuviera un coche.

> *I wish I knew her.*
> Ojalá la conociera.

> *I wish you would stop smoking.*
> Ojalá dejaras de fumar

En los distintos casos del subjuntivo español, el inglés ofrece las siguientes equivalentes:

a) *May he come in time!* ¡Que llegue a tiempo!
   It may rain tomorrow Puede que llueva mañana.

b) *Let the bull out!* ¡Que salga el toro!

c) *It is convenient for us to have a rest.*
Es conveniente que descansemos.
En las oraciones condicionales (véase el Capítulo 16)
   If you came on time, you would see the show.
   Si llegaras a tiempo, verías el espectáculo.
   If I went there, I could take you in my car.
   Si fuera allí, te llevaría en mi coche.
   If he had walked, he might have been late for lunch.
   Si hubiera venido andando podría haber llegado tarde al almuerzo.

Finalmente, en oraciones que expresan una acción que no va a realizar la misma persona, en inglés se usa el verbo to *have* + complemento directo + un participio pasado. Es el llamado '*have* causativo'. Expresa la recepción de un servicio, de hacer o mandar que se haga algo.

106

I had my car repaired.
Fui a que me arreglaran el coche.

She wanted to have her hair cut.
Ella quería que le cortaran el pelo.

He had his house painted.
Él pintó su casa. (Hizo que la pintaran)

2. El indicativo

Expresa la acción como un hecho real. A continuación se ofrece la morfología de un verbo en inglés en comparación con uno español, donde se puede observar las diferencias y equivalencias de ambas lenguas:

Tiempos y modos	Verbo regular	Verbo irregular
Infinitivo	*to ask* preguntar	*to build* construir
Imperativo	*ask* pregunta	*build* construye
Gerundio	*asking* preguntando	*building* construyendo
Presente habitual	*I ask* yo pregunto	*I build* yo construyo
Presente continuo	*I am asking* yo estoy preguntando	*I am building* yo estoy construyendo
Pretérito indefinido (Simple Past)	*I asked* yo pregunté	*I built* yo construí
Pretérito perfecto (Present Perfect)	*I have asked* yo he preguntado	*I have built* yo he construido
Pretérito pluscuamperf. (Past Perfect)	*I had asked* yo había preguntado	*I had built* yo había construido
Pretérito Imperfecto (Past Continuous)	*I was asking* yo preguntaba / estaba preguntando	*I was building* yo construía / estaba construyendo
Futuro	*I will ask* yo preguntaré	*I will build* yo construiré
Condicional	*I would ask* yo preguntaría	*I would build* yo construiría

Ejercicios

1. Utilice la forma de imperativo cuando sea necesario.

a) ¡Vete de casa y no vuelvas!

b) Cierra la puerta, por favor.

c) Si bebes, no conduzcas.

d) ¡Vamos a bailar!

e) ¡Que salga el toro!

f) ¡Vámonos, va a empezar el partido!

g) El dentista dijo: "abra la boca".

h) Quedémonos en casa, ponen una buena película.

i) No me hables de este modo.

j) Siéntate aquí, pareces cansado.

2. Traduzca al inglés las siguientes oraciones:

a) Si yo fuera millonario me compraría un barco.

b) ¡Ojalá estuvieras aquí conmigo!

c) Quiero que mi hijo haga los deberes todos los días.

d) Le pedí que me ayudara con mis problemas.

e) Tan pronto como llegues, llámame.

f) Puede que llueva esta tarde.

g) ¡Que Dios me bendiga!

h) Espero que me arreglen el coche antes del fin de sema-na.

i) Me voy a cortar el pelo esta tarde.

j) Si vinieses pronto, podrías probar mi tarta.

3. Complete las siguientes oraciones utilizando el tiempo adecuado de los verbos que aparecen entre paréntesis:

a) I .... a cigarette every day after my lunch (to smoke).

b) She .... in the park yesterday (to walk).

c) We .... the guitar since 9 o'clock (to play).

d) When I arrived home, she ...... already ...... (to leave).

e) They .... teachers in two years' time (to become).

f) She .... to her husband now (to speak).

g) I .... a shower when the phone rang (to have).

h) If I were you I .... the umbrella (to take).

i) You .... here since 1999 (to live).

j) Mrs Smith .... her sister three days ago (to visit).

Capítulo XI

Verbos auxiliares

En la conjugación inglesa, los verbos auxiliares tienen una importancia fundamental. Gracias a ellos se forman los tiempos compuestos y la voz pasiva —de la misma forma que en español— y además la negación y la interrogación. Los verbos auxiliares en inglés son: *to be, to have* y *to do* (ser y estar, haber y tener, y hacer).

1. *To be* es un verbo auxiliar que además puede ser verbo principal en la oración. Es el único verbo inglés con una forma especial para la primera forma del presente del singular (*I am*). Se utiliza para formar los tiempos progresivos (he is smoking) y para formar la voz pasiva (*he is examined by the doctor*). La forma negativa se forma colocando *not* tras el verbo, y la forma interrogativa anteponiendo el verbo al sujeto. En español corresponde a ser y estar.

   • Usos

   1. El ya mencionado como verbo principal:
      She is a teacher.
      Ella es profesora.
      Peter is here.
      Peter está aquí.

   2. Como auxiliar en las formas progresivas:
      They are working.
      Ellos están trabajando.

   3. Para formar la pasiva:
      You are loved.
      Tú eres amado.

   4. Seguido de infinitivo con *to* denota cierta obligación moral o futuro inexorable:

You are to study harder.
Debes estudiar más.
Actress is to wed pop star
La actriz se acabará casando con una estrella del pop.

5. En las expresiones que indican un estado o condición del tiempo o de la persona, en inglés se usa *to be*, que en este caso equivale al español tener o hacer:

It is fine. Hace buen tiempo
It is windy. (lit. ventoso)   Hace viento.
It is sunny. (lit. soleado)   Hace sol.
It is cold. Hace frío
It is hot. Hace calor
I am hot. Tengo calor
I am sleepy. (lit. somnoliento)   Tengo sueño.

6. La edad y las medidas se pueden expresar también con *to be*:

How old are you? I am 20 years old.
¿Qué edad tienes? Tengo veinte años.
The table is 120 cm long.
La mesa mide 120 cm de largo.

7. También se emplea el verbo *to be* en la forma impersonal que aparece precedida del adverbio *there*. Equivale a la expresión española hay. Conviene recordar que así como en español esta forma siempre es singular, en inglés, en cambio, concuerda en número con las personas y objetos que haya:

There is some cheese in the fridge. (sing.)
Hay queso en el frigorífico.
There are three glasses on the table. (plur.)
Hay tres vasos encima de la mesa.
La conjugación completa sería: *There is/are* (hay); *There was/were* (había/hubo); *There will be* (habrá), *there would be* (habría):
There was a princess...
Había una princesa...
There are people everywhere.

112

Hay personas (gente) por todas partes.

8. Frases idiomáticas:
   For the time being. Por el momento.
   I think, therefore I am. Pienso, luego existo.
   To be for/against. Estar a favor/en contra.
   To be late. Llegar tarde.

Presente del verbo to be

I am/I'm	Yo soy/estoy
I am not/I'm not	Yo no soy/estoy
Am I?	¿Soy/estoy yo?
You are/you're	Tú eres/estás
You are not/aren't	Tú no eres/estás
Are you?	¿Eres/estás tú?
He is/he's	Él es/está
He is not/isn't	Él no es/está
Is he?	¿Es/está él?
She is/she's	Ella es/está
She is not/isn't	Ella no es/está
Is she?	¿Es/está ella?
It is/it's	Ello es/está
It is not/isn't	Ello no es/está
Is it?	¿Es/está ello?
We are/we're	Nosotros somos/estamos
We are not/we aren't	Nosotros no somos/estamos
Are we?	¿Somos/estamos nosotros?
Noso You are/you're	Vosotros sois/estáis
You are not/aren't	Vosotros no sois/estáis
Are you?	¿Sois/estáis vosotros?
Noso They are/they're	Ellos son/están
They are not/they aren't	Ellos no son/están
Are they?	¿Son/están ellos?

Pasado del verbo to be

I was	Yo era/estaba
I was not/wasn't	Yo no era/estaba
Was I?	¿Era/estaba yo?

You were	Tú eras/estabas
You were not/weren't	Tú no eras/estabas
Were you?	¿Eras/estabas tú?
He was	Él era/estaba
He was not/wasn't	Él no era/estaba
Was he?	¿Era/estaba él?
She was	Ella era/estaba
She was not/wasn't	Ella no era/estaba
Was she?	¿Era/estaba ella?
It was	Ello era/estaba
It was not/wasn't	Ello no era/estaba
Was it?	¿Era/estaba ello?
We were	Nosotros éramos/estábamos
We were not/weren't	Nosotros no éramos/estábamos
Were we?	¿Éramos/estábamos nosotros?
You were	Vosotros erais/estabais
You were not/weren't	Vosotros no erais/estabais
Were you?	¿Erais/estabais vosotros?
They were	Ellos eran/estaban
They were not/weren't	Ellos no eran/estaban
Were they?	¿Eran/estaban ellos?

2. *To have* corresponde en español a haber, usado como verbo auxiliar, y a tener como verbo independiente. En el primer caso se usa para formar los tiempos compuestos de todos los verbos, yendo seguido del participio pasado del verbo, excepto en algunos casos de los verbos de movimiento, cuyas formas compuestas se pueden formar con el verbo *to be*, de la misma forma que en francés: *He is gone* (él se ha ido).

• Usos

1. Como auxiliar de los tiempos perfectos:
   She has written a letter.
   Ella ha escrito una carta.
   They have had guests.
   Ellos han tenido huéspedes.

2. Como verbo principal indicando posesión. Aparte de

esta forma, en inglés británico se usa *have got*, aunque sólo en presente:

We have got a house in the country.
Nosotros tenemos una casa en el campo.
She has got a lot of money.
Ella tiene mucho dinero.
Has she got a lot of friends?
¿Tiene ella muchos amigos?

Para expresar la posesión, el inglés americano prefiere la construcción: *Do you have...?, I don't have..., Does she have...?*, conjugándolo como un verbo ordinario. Para la misma pregunta en pasado, es preceptivo el uso del auxiliar *did*:

Did they have enough money to buy the car?
¿Tenían ellos suficiente dinero para comprar el coche?
Did they have a good time?
¿Se lo pasaron bien?

3. El verbo *to have to* y *to have got to* indica obligación. Este uso perifrástico se traduce por tener que. En este caso se conjuga como verbo ordinario:

I have to go now.
Tengo que irme ahora.
I don't have to go now.
No tengo que irme ahora.
Do I have to go now?
¿Tengo que irme ahora?
I had to write the letter.
Tuve que escribir una carta.

También sería posible:

I've got to go now.
Tengo que irme ahora.

Esta forma es muy frecuente en Inglaterra.

4. Uso causativo (ya explicado anteriormente).

5. Have aparece frecuentemente con los siguientes modismos. En este caso se conjuga como cualquier verbo, es decir, con *do* o *does*:

115

to have a meal   comer
to have lunch   almorzar
to have a smoke   echar un cigarrillo
to have a cold   tener un resfriado
to have a walk   dar una vuelta
to have a bath   darse un baño
to have fun   divertirse
to have a look   echar un vistazo
to have a headache   tener dolor de cabeza

Presente del verbo to have

I have/'ve got	Yo he/tengo
I have not/n't got	Yo no he/tengo
Have I got?	¿He/tengo yo?
You have/'ve got	Tu has/tienes
You have not/n't got	Tú no has/tienes
Have you got?	¿Has/tienes tú?
He has/'s got	Él ha/tiene
He has not/n't got	Él no ha/tiene
Has he got?	¿Ha/tiene él?
She has/'s got	Ella ha/tiene
She has not/n't got	Ella no ha/tiene
Has she got?	¿Ha/tiene ella?
It has/'s got	Ello ha/tiene
It has not/n't got	Ello no ha/tiene
Has it got?	¿Ha/tiene ello?
We have/ve got	Nosotros hemos/tenemos
We have not/n't got	Nosotros no hemos/tenemos
Have we got?	¿Hemos/tenemos nosotros?
You have/ve got	Vosotros habéis/tenéis
You have not/n't got	Vosotros no habéis/tenéis
Have you got?	¿Habéis/tenéis vosotros?
They have/ve got	Ellos han/tienen
They have not/n't got	Ellos no han/tienen
Have they got?	¿Han/tienen ellos?

3. *To do* sirve para construir las formas interrogativas y negativas de los verbos ordinarios. Do es el auxiliar del presen-

116

te simple en todas las personas excepto en la 3.ª de singular que es *does* y *did* en el pasado. Las formas negativas *do not, does not* y *did not* pueden contraerse en: *don't, doesn't* y *didn't*. Así la forma de presente sería:

Do/does + sujeto + verbo (infinitivo) + comp.?

Do you speak English? Yes, I do

Does she speak English? No, she doesn't

He/she does not + verbo (infinitivo) + comp.

She does not/doesn't like chocolate.

He does not/doesn't play football on Sundays.

Aparte de su uso como auxiliar, *to do* puede ser también verbo principal y equivale a nuestro hacer:

The boy never does his exercises.

El chico nunca hace los deberes.

El auxiliar *do* se utiliza para dar énfasis al verbo que lo sigue:

They do like football.   Sí que les gusta el fútbol.

Do sit down!   ¡Siéntense!

Es común el uso del mandato negativo por medio de *don't*:

Don't be cruel.   No seas cruel.

También es de uso frecuente en las respuestas cortas para evitar la repetición del verbo principal cuando éste no es auxiliar ni defectivo:

Do you speak French? Yes, I do.

¿Hablas francés? Sí.

Did he phone this morning? Yes, he did.

¿Llamó él esta mañana? Sí.

Este verbo auxiliar es muy usado en las "preguntas coletillas" (*tag questions*), para comprobar si lo que preguntamos es cierto. Normalmente con el signo contrario a la frase principal:

You play basket, don't you?   Tú juegas al baloncesto, ¿no?

She left last night, didn't she?   Ella se fue, ¿verdad?

Las gramáticas suelen incluir en este apartado las diferencias entre *to do* y *to make*, pues es un tema que produce cierta confusión al hispanohablante, habida cuenta que ambos verbos se traducen por hacer en nuestra lengua. Básicamente *to make* suele usarse en el sentido de fabricar;

de hacer algo concreto, material; construir, hacer un todo de varias partes; se trata de acciones hechas a mano o elaboradas con máquina. En *to make* interesa más el resultado que la acción. En contraposición, *to do* se emplea más para indicar la realización de acciones en general, de acciones llevadas a cabo con la mente. Frente a *to do* como realizar o llevar a cabo, *to make* sería elaborar, fabricar. He aquí alguno de los usos más comunes:

To make

a noise.	hacer ruido.
a mistake.	cometer un error.
a speech.	soltar un discurso.
progress.	hacer progresos.
money.	hacer dinero.
an effort.	hacer un esfuerzo.
a journey.	realizar un viaje.
friends.	hacer amigos.
a living.	ganarse la vida.
coffee.	hacer café.

To do

one's homework.	hacer los deberes (de uno).
a drawing.	hacer un dibujo.
the washing.	hacer la colada.
the shopping.	hacer las compras.
the housework.	hacer las tareas de la casa.
a favour.	un favor.
good/evil.	el bien/el mal.
something/nothing.	algo/nada.
a translation.	hacer una traducción.

Ejercicios

1. Rellene los espacios en blanco con el verbo *to be* en los tiempos que corresponda.

a) .... he a teacher? Yes, he ....
b) .... they foreign students? No, they ....
c) She .... at home yesterday because she .... ill.
d) Jane .... 25 years old next September.
e) We .... there for several hours waiting for him.
f) ...... there any people at the queue now? No, there ...... any.
g) She .... happy, if she passed her exam.
h) The patient .... examined by the doctor.
i) When .... you born? I .... born in 1989.
j) He must .... hungry, he .... eating a big sandwich.

2. Traduzca las siguientes frases al inglés:

a) ¿Sois amigos? No, somos vecinos.
b) ¿Está lloviendo? No, hace sol.
c) El niño fue encontrado por la policía.
d) ¿Cuántos años tiene tu hermana? –Tiene diez años.
e) Hace frío, toma el abrigo.
f) Hay muchos alumnos esperando en la puerta del aula.
g) No hay mantequilla en el frigorífico.
h) Es tarde, vas a perder el tren.
i) Por favor, ¿está el señor Smith en casa?
j) Fueron invitados a la boda de María.

3. Ponga el verbo *to have* o *to have got* en los espacios en blanco.

a) How many brothers and sisters .... you ....?
b) He usually .... lunch in a restaurant.
c) She always .... a cigarette before breakfast.
d) I .... a bath now, please, answer the telephone.
e) They .... a meeting at the park yesterday.
f) My brother .... two sons and one daughter.
g) We .... cable TV in two years' time.
h) She .... not .... any news from him since last week.
i) .... the hotel .... a swimming pool?
j) Peter .... a motorbike when he was younger.

4. Traduzca al inglés.

a) Desayuno a las 9 todos los días.
b) Ella no tiene dinero para comprar un coche.
c) Juan tiene un hermano más joven en Madrid.
d) Tenemos que madrugar más si queremos llegar a tiempo.
e) Todavía no he leído ese libro.
f) ¿Has estado alguna vez en Nueva York?
g) Me corté el pelo la semana pasada.
h) Cenaremos con los Williams la semana que viene.
i) ¿Tuviste buen viaje?
j) Ellos lo pasaron bien en Mallorca.

5. Rellene los espacios en blanco con la forma apropiada del verbo to do.

a) _____ you speak English? Yes, a little.
b) She _____ know where he lives.
c) _____ they come from Germany? Yes, they _____
d) _____ he usually go to Barcelona? Yes, he _____
e) They _____ live here anymore.
f) John _____ his homework every day.
g) She plays tennis, _____ she?
h) _____ this bus stop at Oxford Street? No, it _____
i) _____ she _____ the shopping every morning? No, she _____
j) What's wrong with the television? It _____ work.

6. Traduzca al inglés.

a) Antonio no habla inglés pero lo escribe.
b) No tengo nada que hacer esta mañana.
c) ¿Vas al cine con frecuencia? Sí, dos veces a la semana.
d) ¿Qué piensas de él? Creo que es muy simpático.
e) ¿Qué haces por las tardes? Paseo por el parque.
f) ¡No seas impaciente!, él volverá pronto.
g) ¿Usas a menudo el ordenador? Sí.
h) Él juega muy bien al baloncesto, ¿no?
i) ¿Quién va a hacer la compra hoy? Yo, como de costumbre.
j) Él hace las tareas domésticas todos los días.

Capítulo XII

Verbos defectivos

A efectos prácticos el sistema verbal inglés distingue dos clases de verbos: los llamados verbos ordinarios, un grupo que recoge la mayoría del conjunto de la lengua inglesa, por ejemplo *to work* (trabajar), *to sing* (cantar), *to play* (jugar). Serán verbos que siguen el esquema de un verbo normal inglés (véase el Capítulo 8). Aparte de este grupo, los gramáticos ingleses señalan otro, formado por los llamados verbos auxiliares, también conocidos como auxiliares puros: *to be, to have, to do,* y los defectivos: *to dare, to need, to be able, can, may, must, will, shall, ought to, should* y *used to.* Otros tratadistas prefieren llamar a este último grupo verbos anómalos, modales, especiales, auxiliares modales o auxiliares defectivos. En este libro hemos optado por la nomenclatura de "defectivos" porque presentan anomalías con respecto a los verbos "ordinarios" y por el carácter limitado de sus formas. Por otra parte, son un conjunto de verbos muy importantes en la gramática inglesa, ya que proporcionan a la lengua una variada gama de ideas y matices que no se pueden expresar con los tradicionales tiempos del verbo. Los verbos defectivos tienen las siguientes características comunes:

1. La tercera persona del singular carece de -*s*:
   He must. She can.
   Él debe. Ella puede.

2. Estos verbos no necesitan ningún otro auxiliar en preguntas y negaciones. La preguntas se forman mediante la inversión sujeto-verbo:
   Can you open the tin?
   ¿Puedes abrir la lata?

En las negativas se coloca el *not* detrás del verbo defectivo:

I must not. I cannot. She may not come.
No debo. No puedo. Ella puede que no venga.

3. No tienen la forma *to* delante del infinitivo. Así, no se puede decir *to can, *to must. Tampoco llevan to detrás del infinitivo, excepto *ought to*.
He can do it.   Él puede hacerlo.
He ought to go.   Él debería marcharse.

4. Admiten la forma contraída: *can't, needn't, mustn't, needn't, daren't.*

5. Al ser verbos defectivos sólo tienen una o dos formas, careciendo de la mayoría de los tiempos: infinitivo, futuro, condicional, formas en *-ing*. Así, no son posibles formas como *I shall can o *He will must.

Can

Morfología:

Afirmativa:	Sujeto + *can*	+ verbo en inf.	sin *to* + compl.
Negativa:	Sujeto + *can't*	+ verbo en inf.	sin *to* + compl.
Interrogativa:	*Can* + sujeto	+ verbo (en inf.)	sin *to* + compl.

Can tiene la idea de poder. En la forma negativa es el único verbo que puede formar una palabra con la negación; así se escribe: *cannot*, aunque en inglés americano se puede escribir separado: *can not*. Este verbo sólo tiene dos formas: presente y pasado. Para expresar el resto de los tiempos: futuro, condicional, etc. con el significado de poder (ser capaz de), *can* se auxilia del verbo perifrástico *to be able to*:
In a few years he will be able to drive the car.
En unos cuantos años podrá conducir el coche.

• Usos

1. Con el significado de poder en el sentido de capacidad física, intelectual, habilidad o potencia física:
She can reach the apples.
Ella alcanza (lit. puede alcanzar) las manzanas.

Johnny can't lift this heavy chair.
Johnny no es capaz de levantar esta silla pesada.
We can't convince him.
Nosotros no podemos convencerlo.

2. El significado original de *can* era *know* (saber). Así es posible su uso para dar la idea de "habilidad", de "saber" hacer algo:

He can speak Russian fairly well.
Él sabe hablar ruso bastante bien.
Mary can't knit.
Mary no sabe hacer punto.
Can you swim?
¿Sabes nadar?
Can I help you?
¿Qué desea? (lit. ¿Puedo ayudarle?)

3. Se usa con mucha frecuencia con sentido de permiso y en forma negativa como prohibición:

Can I go to the toilet?
¿Puedo ir al servicio?
You cannot leave any time.
No puedes irte en cualquier momento.
Can I have another whisky?
¿Puedo tomarme otro whisky?

Could es el pasado de *can* y tiene los usos siguientes:

Morfología:

Afirmativa:	Sujeto + *could*	+ verbo en inf.	sin *to* + compl.
Negativa:	Sujeto + *couldn't*	+ verbo inf.	sin *to* + compl.
Interrogativa:	*Could* + sujeto	+ verbo (inf.)	sin to + compl.

• Usos

1. Con el significado de podía o sabía:

She could play the violin when she was a child.
Ella sabía tocar el violín cuando era niña.
Yesterday I couldn't come.
Ayer no pude venir.

At the age of five, she could speak three languages.
A los cinco años, ella sabía hablar tres idiomas.

2. *Could* tiene un uso más formal que *can*:
   Could you tell me the way to the hospital?
   ¿Podría indicarme la dirección (lit. el camino) al hospital?
   Could I have another cup of tea?
   ¿Podría tomarme otra taza de té?

3. Usamos *could* en el "estilo indirecto" (*Reported Speech*), cuando can va en estilo directo. Aunque lo trataremos más tarde, sirvan estos ejemplos a modo de explicación:
   "I can't do it", she said. (estilo directo)
   "No puedo hacerlo", dijo ella.
   She said she couldn't do it. (estilo indirecto)
   Ella dijo que no podía hacerlo.

4. Expresiones:
   If only I could telephone her.
   Ojalá pudiera llamarla por teléfono.
   I could be right.
   Podría tener razón.
   Como puede observarse en los apartados 2 y 4, también cabe la posibilidad de traducirlo al español como podría.

Must

Sólo tiene una única forma que sirve para expresar una idea de presente o también de pasado. Así es posible: *he must go* (él debe ir) y *he must have gone* (él debe haberse ido). Significa deber, haber de, tener que, ser preciso, ser necesario, ser menester. Sus valores básicos son obligación, prohibición y deducción.

Morfología:

Afirmativa:	Sujeto + *must*	+ verbo en inf.	sin *to* + compl.
Negativa:	Sujeto + *musn't*	+ verbo inf.	sin *to* + compl.
Interrogativa:	*Could* + sujeto	+ verbo (inf.)	sin to + compl.

El verbo *must* puede suplirse con *to have to* en los tiempos de los que este verbo defectivo carece: *He had to do it yester-day* (Tuvo que hacerlo ayer).

• Usos

1. Obligación estricta:
   Children must obey their parents.
   Los niños deben obedecer a sus padres.
   You must stop when the lights are red.
   Se debe parar cuando el semáforo está en rojo.

2. Necesidad:
   Lola must study if she wants to pass the exam.
   Lola debe estudiar si quiere aprobar el examen.

3. Deducción afirmativa:
   He said: 'Aufwiedersehen', so he must be German.
   Él dijo: 'Aufwiedersehen', así que debe ser alemán.
   It must be three o'clock.
   Deben ser las tres en punto.

4. La forma negativa *mustn't* expresa prohibición absoluta:
   You mustn't smoke at all.
   No debes fumar nada en absoluto.
   Passengers must not walk across the railway line.
   Se prohíbe a los usuarios cruzar las vías.
   (lit. Los usuarios no deben cruzar las vías).

May

Sólo tiene presente y pasado (*might*). *May* indica grados de posibilidad, expresando la segunda forma una posibilidad más remota que la primera. Para los tiempos en que no es posible *may*, el inglés utiliza la expresión *to be allowed* con sentido de 'poder' (permiso).

Morfología:

Afirmativa:	Sujeto + *may*	+ verbo en inf.	sin *to* + compl.
Negativa:	Sujeto + *might*	+ verbo inf.	sin *to* + compl.
	might not		

Interrogativa: *Could* + may/   + verbo (inf.)   sin to + compl.
                       might

• Usos

1. Se usa en peticiones o cuando se concede permiso. Es bastante formal:
   May I smoke? ¿Puedo fumar?
   May I open the door?   ¿Puedo abrir la puerta?
Su uso alterna con *Can I open* que es menos formal:
   Can I open the window?   ¿Puedo abrir la ventana?
La forma contraída negativa de *may not, mayn't*, es menos frecuente que *can't* o *mustn't*:
   The mother said: "You may not go the party".
   La madre dijo: "No puedes ir a la fiesta".
Como expresión alternativa de pasado con el significado de permiso se utiliza *to be allowed*:
   Last year Peter was allowed to fly.
   A Peter le permitieron volar el año pasado.
Este uso también es posible en el futuro:
   The prisoners will not be allowed to smoke.
   A los presos no se les permitirá fumar.

2. Como verbo principal, *may* indica posibilidad:
   They may be at home tonight.
   Puede que esta noche estén en casa.
   It may rain.
   Puede que llueva.
En el caso de que la posibilidad sea más remota, *might* sustituye a *may*:
   It might rain.
   Podría ser que lloviera.

3. May aparece también en algunas expresiones que tienen un matiz arcaizante (equivalente a nuestro subjuntivo):
   May God bless you!   ¡Que Dios te bendiga!
   May he rest in peace!   ¡Que descanse en paz!

Should y ought to

El segundo es el único verbo defectivo que aparece seguido

126

de to. Su uso corresponde en español a 'debería'. En muchos casos, *ought to* y *should* tienen el mismo significado y pueden emplearse indistintamente, aunque este último es mucho más frecuente. Su valor principal es el de una obligación leve, un deber moral:

> *She ought to drink less.*
> Ella debería beber menos.
> *You should go some day.*
> Deberías ir algún día.

También puede expresar un consejo (con el mismo significado que *must*, aunque con menos intensidad):

> *You ought to study English.*
> Tú deberías estudiar inglés.
> *They should finish their work before they go out.*
> Ellos deberían terminar su trabajo antes de salir.

Need

Puede funcionar como verbo defectivo y como verbo normal.

En este último aspecto:

> *I need a friend. He needs some help*
> Necesito un amigo. Él necesita ayuda.
> *I don't need the laptop anymore.*
> Ya no necesito más el portatil.
> *Do you need the dictionary?*
> ¿Necesitas el diccionario?

Cuando *need* indica obligación (en español, 'tener que') no lleva la -*s* en la 3.ª persona. Esta forma verbal va seguida de otro verbo en infinitivo, y no requiere el auxiliar *do* para formar la interrogación ni la negación:

> *Need you be so sarcastic?*
> ¿Tienes que (lit. necesitas) ser tan sarcástico?
> *Need he have his supper now?*
> ¿Tiene él que cenar ahora?

Como verbo defectivo sólo puede ser interrogativo y negativo (*needn't*). En este último caso indica ausencia de obligación:

> *You needn't wear a tie.*
> No hace falta que lleves corbata.

You needn't stand up.
No hace falta que os levantéis.
You needn't come tomorrow.
No hace falta que vengáis mañana.

Used to

Este verbo defectivo también presenta la preposición *to* (al igual que *ought to*). Tiene una forma única para todas las personas. Normalmente refleja un hábito en el pasado, cuya traducción al español es 'solía':

She used to play tennis every weekend.
Ella solía jugar al tenis todas las semanas
(hábito interrumpido).
His hair used to be black, but it is white now.
Tenía el cabello negro, pero ahora lo tiene blanco.
(lit. Su cabello solía ser negro...)

En su forma negativa e interrogativa, el inglés de hoy suele utilizar el auxiliar *do*:

Did he use to be a concert pianist?
¿Fue concertista de piano?
(lit. ¿Solía ser un...?)
Yes, he used to be, but he isn't anymore.
Sí, lo fue pero ya no.
(lit. sí, solía serlo...)
I thought you didn't like Tom. I didn't use to but I do now.
Pensaba que no te gustaba Tom. Antes no, pero ahora sí.
(lit. No me gustaba pero ahora sí)

Hay que tener cuidado en no confundir este verbo anómalo con *to use* (utilizar) y *to be used to* (estar acostumbrado a...):

I used some tools to repair it.
Utilicé algunas herramientas para arreglarlo.
I wasn't used to drinking whisky.
No estaba acostumbrado a beber whisky.

Dare

Este verbo puede funcionar como defectivo (*dare*) con el significado de 'atreverse', y como verbo ordinario (*to dare*):

Dare you climb the ladder? No, I daren't

¿Te atreves a subir la escalera? No.

I daren't go near that dog.

No me atrevo acercarme a ese perro.

The guests dared not complain.

Los huéspedes no se atrevieron a quejarse.

Cuando *dare* funciona como verbo normal requiere el uso de *do/does* y *did*, y puede usarse con o sin *to*:

Do you dare (to) tell him?

¿Te atreves a decírselo?

How dare you?

¿Cómo se atreve?

Aparte de traducirse por atreverse, también puede significar desafiar:

I dare you to deny it.

Te desafío a negarlo.

Es bastante frecuente el uso de la expresión *I daresay* (me imagino):

I daresay there are taxis at the station.

Me imagino que habrá (lit. hay) taxis en la estación.

Shall y will

Tienen sus correspondientes pasados que son *should* y *would*. *Shall* y *will* son formas auxiliares de futuro y se tratarán en el capítulo correspondiente a este tiempo. Aparte de esta función veremos aquí otros usos:

1. Sugerencias u ofertas. En estos casos se usan *shall* en las primeras y terceras personas y *will* en las segundas:

Shall I open the window? Shall we go out tonight?

¿Abro la ventana? ¿Salimos esta noche?

Shall I pour another cup of tea? Shall we dance?

Te sirvo otra taza de te? ¿Bailamos?

2. Determinación:

You shall obey me.

Me obedecerás.

They shall not pass.

No pasarán.

3. Obligación, mandato (tiene cierto matiz arcaico propio de la Biblia):

Thou (you) shalt (shall) not steal.
No robarás.

4. Amenaza:

You shall be punished.
Serás castigado.

5. Promesa:

You shall have my book next week.
Tendrás mi libro la próxima semana.

6. Con el significado de querer, se usa *will* en preguntas, que en realidad son peticiones corteses o invitaciones:

Will you shut the window, please?
¿Quieres cerrar la ventana, por favor?
Will you sit down?
¿Quieres sentarte?

Should y would

Ya se ha indicado que son pasados de *shall* y *will*, aunque la mayoría de sus valores no tienen referencia temporal al pasado. Ambas formas son necesarias para formar el condicional. Aparte de estos valores pueden tener otros:

1. Con el sentido de obligación *should* debe ser considerado como un verbo independiente, semejante a *ought to*:

Mario should wash more often.
Mario debería lavarse más a menudo.
We should obey the law.
Deberíamos acatar la ley.

2. *Would* se emplea en peticiones y ofrecimientos:

Would you have another piece of cake?
¿Le gustaría tomar otro trozo de pastel?

3. *Would* tiene, cuando va seguido de *rather*, sentido de preferencia. Con bastante frecuencia se contrae en la forma *I'd rather*:

I'd (would) rather stay.
Prefiero quedarme.
Would you rather go?
¿Preferirías marcharte?

4. *Would* puede usarse indicando costumbre:
He would sit and dream all day.
Él solía sentarse y soñar todo el día.
Every Monday, they would go for a walk.
Todos los lunes se daban un paseo.

5. *Should*, como *would*, se utiliza en las oraciones condicionales y en el estilo indirecto, usos que se verán en los capítulos correspondientes. También aparece en estructuras que comienzan por: *It is important that...*, *It is necessary that...* En este caso traduce la idea de subjuntivo español:
It is important that you should behave yourself.
Es importante que te comportes bien.
It is strange that he should leave so soon.
Es extraño que él se marche tan pronto.

6. *Should* se emplea para dar consejos:
I think you should go by air. It's much faster.
Creo que deberías ir en avión. Es mucho más rápido.
(lit. por aire)

7. *Should* aparece en algunas preguntas retóricas:
How should I know?
¿Cómo quieres que yo lo sepa?

8. *Would* también puede expresar la idea de determinación:
He would have his own way.
Estaba decidido a salirse con la suya.

Ejercicios

1. **Rellene los espacios en blanco con verbos defectivos. En algunos casos son posibles varias respuestas.**

   a) .... you tell me where I am?

   b) He .... speak French and Spanish when he was ten.

   c) .... I go out tonight? Yes, you ....

   d) She has a very good car, she .... be a millionaire.

   e) She .... study harder if she wants to pass.

   f) They .... smoke in class, it is forbidden.

   g) .... I come in? Yes, you ....

   h) It .... rain, don't forget the umbrella.

   i) You .... go to a doctor's, you don't look well.

   j) .... I carry your suitcase? Yes, please.

   k) You .... wear a suit, it is an informal party.

   l) I .... to play the piano when I was a child.

   m) John .... lift this case because he is not strong enough.

   n) You .... to help the poor.

   o) .... God bless you!

   p) How .... you! You .... speak to me like that.

   q) .... I go to the toilet?

   r) .... you lend me five euros, please?

   s) Oil .... be cheap but it is expensive nowadays.

   t) .... you do me a favour, please?

2. **Traduzca al inglés:**

   a) ¿Puede decirme la hora? Sí, son las tres en punto.

   b) Él no puede venir esta tarde porque está enfermo.

   c) Debe ser español porque se llama Curro.

   d) ¿Podrías venir esta tarde? Tengo mucho trabajo.

   e) No debes beber si vas a conducir.

   f) No hace falta que ella venga mañana.

   g) Deberías estudiar más, los exámenes están cerca.

h) Podrás salir más tarde si haces los deberes.

i) Puede que tengas razón, la película empieza a las 7.

j) Tendrás que hacerlo solo, yo no puedo ayudarte.

k) Él solía hablar francés cuando era niño.

l) ¿Voy a la tienda a comprar tomates?

m) Quieres venir un momento?

n) Deberías tener más cuidado.

o) ¿Sabe usted nadar? El mar es peligroso.

p) La Biblia dice: "No matarás".

q) El Señor esté con vosotros.

r) ¿Puedo quedarme un rato más? No tengo nada que hacer.

s) ¿Jugamos un partido de tenis esta tarde?

t) No hace falta que seas siempre tan sarcástico.

Capítulo XIII

Los tiempos verbales.
El presente

En el grupo verbal se van a presentar básicamente tres tiempos: presente, pasado y futuro. Los gramáticos ingleses suelen hacer la distinción entre el tiempo real, en sentido filosófico (*time*) y el tiempo verbal, refiriéndose a la categoría gramatical (*tense*). En español la palabra tiempo engloba igualmente el concepto filosófico y el gramatical. Así en la frase: *I am leaving for Paris on Thursday* (Salgo para París el jueves), el tiempo real es el futuro, mientras que gramaticalmente tiene forma de presente. Hay que recordar que los tiempos del indicativo inglés no forman un tema tan preciso ni sus significados son por entero equivalentes a los del español. El castellano es una lengua rica en tiempos verbales (ocho en indicativo), ante lo que el inglés muestra menos variedad, compensando esta falta gracias al uso de las perífrasis progresivas, formadas con ayuda del gerundio, y que prácticamente están incorporadas a la conjugación regular: *They are playing just now* (Están jugando ahora mismo). Esta distinción entre las acciones momentáneas o habituales y las durativas se han ido ampliando hasta dar origen a una especie de segunda conjugación, muy característica del inglés, con formas progresivas o continuas. De esta forma manifiesta el inglés el aspecto en los verbos.

1. Expresión del presente

En inglés hay dos presentes: el presente continuo o progresivo y el presente simple o habitual. Esta distinción presenta ciertas dificultades al hispanohablante, habida cuenta que la forma progresiva se usa en español en casos muy limitados, e incluso en los casos en que se usa, la mayoría de las veces se puede sustituir por la forma ordinaria. En inglés se usa mucho más la forma progresiva. Así, *He smokes* resalta la

135

idea de que a veces, o a menudo, esta persona fuma, aunque desconocemos si lo está haciendo ahora. *He is smoking* significa, por el contrario, que en este momento está fumando, aunque no sabemos si lo ha hecho antes o si tiene por costumbre hacerlo. Veamos otros ejemplos:

Mary is listening to the radio at the moment.
Mary escucha (está escuchando) la radio en este momento.
(Presente continuo)

Mary listens to the music programme every day.
Mary escucha el programa de música todos los días.
(Presente habitual)

Mr Smith isn't working today.
El señor Smith no trabaja hoy.

Mrs Smith doesn't work on Saturdays.
La señora Smith no trabaja los sábados.

I usually wear a coat but I am not wearing it now.
Suelo llevar chaqueta pero hoy no la llevo.

Presente simple

Tiene la misma forma que el infinitivo sin *to*, pero añade una *-s/es* en la tercera persona del singular:
go - goes do - does work - works

He teaches in Malaga.
Él da clases en Málaga.

En las formas negativas se usa *do not, does not* entre el sujeto y el verbo.

En la interrogación también se requiere el auxiliar *do*, anteponiéndolo al sujeto en todas las personas, excepto en la tercera, que va precedida de *does*.

Tabla:

Afirmativa:	*play football*	Yo juego al fútbol
Negativa:	*don't play football*	Yo no juego al fútbol
Interrogativa:	*Do I play football?*	¿Juego yo al fútbol?

El presente habitual o simple (*Present Simple*) coincide con el presente de indicativo español. Los usos más importantes de este tiempo son:

1. Para indicar una acción que se realiza de manera repetida, habitualmente o con cierta frecuencia:

She often goes to the cinema.
Ella va a menudo al cine.
They go to work every day.
Ellos van a trabajar todos los días.
We always go to church on Sundays.
Siempre van a la iglesia los domingos.

Como puede observarse en los ejemplos anteriores, el presente puede ir acompañado por una referencia temporal que puede ser un adverbio de frecuencia (*generally, usually, often, sometimes, seldom, never*) o por una frase adverbial (*every day, twice a week, in the morning...*).

2. Para expresar verdades generales:

The sun rises in the East and sets in the West.
El sol sale por el Este y se pone por el Oeste.
Sounds travels at a speed of 340 m/s.
El sonido viaja a una velocidad de 340 m/s.
Water boils at 100º C.
El agua hierve a 100 ºC.

3. Como expresión del futuro. Suele acompañar la referencia temporal, aunque este uso no es muy frecuente.

We go to Paris on Saturday.
Nos vamos a París el sabado.

Presente continuo

Se emplea para las acciones que tienen lugar en el momento en que se habla o en la actualidad. Se forma con el presente del verbo to be y el gerundio del verbo conjugado:

Tabla del Presente continuo

I am/'m drinking now	*I am/'m not drinking now*	*Am I drinking now?*
Yo estoy bebiendo ahora	No estoy bebiendo ahora	¿Estoy bebiendo ahora?

137

You are/'re drinking now	*You are/'re not drinking now.*	*Are you drinking now?*
Tú estás bebiendo ahora	Tú no estás bebiendo	¿Estás bebiendo ahora?
He is/'s drinking now	*He is not/n't drinking now*	*Is he drinking now?*
Él está bebiendo ahora	Él no está bebiendo ahora	¿Está él bebiendo ahora?
She is/'s drinking now	*She is not/n't drinking now*	*Is she drinking now?*
Ella está bebiendo ahora	Ella no está bebiendo ahora	¿Está ella bebiendo ahora?
It is/'s drinking now	*It is not/n't drinking now*	*Is it drinking now?*
Está bebiendo ahora	No está bebiendo ahora	¿Está bebiendo ahora?
We are drinking now	*We are not/n't drinking now*	*Are we drinking now?*
Nosotros estamos bebiendo ahora	Nosotros no estamos ahora.	¿Estamos nosotros bebiendo ahora?
You are/'re drinking now	*You are/'re not drinking now*	*Are you drinking now?*
Vosotros estáis bebiendo ahora	Vosotros no estáis bebiendo ahora	¿Estáis vosotros bebiendo ahora?
They are/'re drinking now	*They are/'re not drinking now*	*Are they drinking now?*
Ellos están bebiendo ahora	Ellos no están bebiendo ahora	¿Están ellos bebiendo ahora?

En la formación del gerundio se producen algunas alteraciones ortográficas al añadirle -*ing* al verbo: 1. Si acaba en *e* > *i*: *write* > *writing*, *live* > *living*. 2. Si acaban en consonante, ésta se duplica: *stop* > *stopping*, *put* > *putting*. Excepciones a la primera regla son: *lie* > *lying*; *die* > *dying*, y a la segunda *beat* > *beating*.

Los usos más frecuentes son:

1. Indica acciones que se están realizando en el momento en que se habla o durante un cierto tiempo en el presente:
   Mary is playing tennis now.
   Mary está jugando al tenis ahora.
   We are landing.
   Estamos aterrizando.
   I am reading a play by Oscar Wilde.
   Estoy leyendo una obra de Oscar Wilde.
Suele ir acompañado de los adverbios de tiempo que le

dan una idea de actualidad a la acción: *now, today, at the moment.*

2. Al igual que el presente simple, también puede usarse para acciones futuras que generalmente han sido programadas con antelación:

> *They are leaving tomorrow.*
> Ellos se van mañana.

3. Algunos verbos no se utilizan casi nunca en presente continuo: *hear, see, hate, love, like, smell, belong, own, remember, want, seem.* Estas formas aparecen normalmente en la forma del presente simple:

> *I love you.* Te quiero.
> *I remember her.* Me acuerdo de ella.

Para el hispanohablante resultan chocantes las formas *to be sitting, to be standing* y *to be lying* que presentan esta terminación en *-ing*, pues se consideran como acciones, aunque en español las traducimos por estar sentado/de pie/acostado.

Ejercicios

1. **Rellene los espacios en blanco con el presente continuo o el presente habitual.**

a) Look, it .... now! (rain).

b) Mary .... a book at the moment. (read)

c) He .... to the theatre twice a week. (go)

d) The actor always .... a good performance. (give)

e) I think we .... in the wrong seats. (sit)

f) The curtain .... at seven thirty every evening. (rise)

g) Sam seldom .... with his sister Mary. (argue)

h) What .... you .... tomorrow morning? (do)

i) They usually .... the bus to work. (take)

j) Speak up! He .... very well. (not hear)

k) The water .... over! (boil)

l) What .... you .... about your new school? (think)

m) They always .... coffee for breakfast but they .... tea today. (have)

n) The phone .... Can you answer it? (ring)

o) Where .... you .... from? (come)

p) .... she .... a bikini and sunglasses now? (wear)

q) He .... more than twenty cigarettes a day. (smoke)

r) Come on! They .... for us. (wait)

s) She normally .... to bed about eleven. (go)

t) John .... to her every week. (write)

2. **Traduzca al inglés.**

a) Normalmente lleva un vestido rosa.

b) ¿Qué haces? Leo un libro.

c) ¿Qué sueles hacer por las tardes? Estudio inglés.

d) Él no viene esta tarde porque está enfermo.

e) Él siempre juega al tenis los sábados por la mañana.

f) ¿Adónde vas ahora? Voy a la panadería.

g) Pedro habitualmente canta en español pero hoy lo está haciendo en inglés.

h) Voy al colegio en coche todos los días.

i) La madera flota en el agua pero el hierro, no.

j) Luis se va mañana en tren a París.

k) El cartero trae el correo dos veces al día.

l) No lo moleste, está trabajando.

m) Pedro no puede venir ahora, se está bañando.

n) ¿Fumas? Sólo tres cigarrillos al día.

o) ¿Vienes con nosotros o te quedas?

p) A menudo nieva en este país.

q) ¿De dónde eres? Soy de Australia.

r) ¿Qué haces aquí?

s) El año que viene voy a la Universidad.

t) ¿A qué hora desayunas por las mañanas?

Capítulo XIV

La expresión del pasado

La expresión del pasado en inglés queda reducida al *Simple Past*, al *Present Perfect* y al *Past Continuous*. El primero suele equivaler (aunque no siempre) a nuestro pretérito indefinido, el segundo presenta una realización algo imprecisa al enlazar su valor con el presente, y finalmente el *Past Continuous* normalmente se traduce en español por el imperfecto. Aunque supone cierta simplificación en los matices, estas equivalencias pueden servir como punto de partida al estudiante, pudiendo más tarde precisar otros usos concretos que escapan a una definición ideal. La posibilidad de expresar el pasado en inglés se completa con el *Past Perfect*, que suele traducirse por el pretérito pluscuamperfecto en español.

Simple Past

Al conjugar este tiempo es necesario saber si se trata de un verbo regular o irregular. En el primer caso se forma añadiéndole *-ed* al infinitivo. Habida cuenta que esta forma es idéntica para todas las personas de singular y plural, no se puede suprimir el pronombre: *to work - I worked, to play - they played*. Al añadir el sufijo dental *-ed* se producen algunas alteraciones ortográficas:

1. Si el verbo termina en *-e*, se le añade solamente *-d*: *race > raced; hate > hated; promise > promised*.

2. Si el verbo termina en y precedido de una consonante, la *y* se cambia por *i*, añadiéndole *-ed*: *reply > replied, marry > married, fry > fried*.

Así pues, todos los verbos que forman el pasado de este modo se consideran 'regulares'. Cuando no sigue este esquema, el pasado se articula de diversas formas (generalmente con cambio de vocal); entonces se los denomina 'verbos irregulares'. Estos verbos deben ser memorizados, ya que no siguen ninguna regla constante en la formación del pasado. Véase el apéndice final donde figura la lista de estos verbos. El *Simple Past* corresponde a la segunda columna en el enunciado:

To speak - spoke - spoken

En los verbos irregulares su forma coincide con el participio de pretérito.

To open - opened - opened

Tabla del Simple Past del verbo to like

I liked it.	A mí me gustó.
I did not/n't like it.	A mí no me gustó.
Did I like it?	¿A mí me gustó?
You liked it.	A ti te gustó.
You did not/n't like it.	A ti no te gustó.
Did you like it?	¿A ti te gustó?
He liked it.	A él le gustó.
He did not/n't like it.	A él no le gustó.
Did he like it?	¿A él le gustó?
She liked it.	A ella le gustó.
She did not/n't like it.	A ella no le gustó.
Did she like it?	¿A ella le gustó?
It liked it.	Le gustó.
It did not/n't like it.	No le gustó.
Did it like it?	¿Le gustó?
We liked it.	A nosotros nos gustó.
We did not/n't like it.	A nosotros no nos gustó.
Did we like it?	¿A nosotros nos gustó?
You liked it.	A vosotros os gustó.
You did not/n't like it.	A vosotros no os gustó.
Did you like it?	¿A vosotros os gustó?
They liked it.	A ellos les gustó.
They did not/n't like it.	A ellos no les gustó.
Did they like it?	¿A ellos les gustó?

Recuérdese que al emplear *didn't* el verbo que lo sigue va en infinitivo, ya que lo que distingue el pasado es la forma *did* y no el mismo verbo.

• Usos

1. Para indicar una acción que ocurrió y terminó en el pasado, es decir, antes del momento presente:

They arrived at 8 o'clock.

Ellos llegaron a las 8 en punto.

I met him yesterday.

Lo conocí ayer.

Normalmente este uso va acompañado de una referencia temporal que indica cuándo tuvo lugar la acción: *yesterday, the day before yesterday, last week, the other day, at three o'clock, on Monday, early this morning*:

Lola wrote a letter the day before yesterday.

Lola escribió una carta anteayer.

Marcus arrived in London last month.

Marcus llegó a Londres el mes pasado.

When I was a child I lived in Colombia.

Cuando era niño viví en Colombia.

2. Para expresar acciones que ocurrieron consecutivamente en el pasado:

She called for help and then she saw the red car.

Ella pidió ayuda y después vio el coche rojo.

Last night I heard a terrible noise; I got up immediately and closed my window.

Anoche oí un ruido espantoso; me levanté inmediatamente y cerré la ventana.

Una de las referencias temporales más frecuentes es el adverbio de tiempo *ago*, que se coloca al final de la frase:

We went to Australia two years ago.

Fuimos a Australia hace dos años.

I saw a UFO three days ago.

Vimos un OVNI hace tres días.

3. Para expresar un hábito del pasado con los adverbios *never, always*. El equivalente castellano es el pretérito imperfecto:

They never drank wine.

Ellos nunca tomaban vino.

She always went abroad for her holidays.
Ella siempre se iba al extranjero de vacaciones.

4. Para expresar una acción corta en el pasado que interrumpe a otra acción larga que también sucedió en el pasado:

I was trying to escape when I fell down.
(acción larga) (acción corta)
Intentaba escapar cuando me caí.

En castellano el uso ha neutralizado en muchos casos los diferentes significados que implican el pretérito indefinido y el pretérito perfecto. Así *I bought this dictionary in London* podríamos traducirlo en español por 'compré' o 'he comprado'.

Cuando hay una referencia temporal (yesterday), no se puede decir: *I haven't seen a film in London yesterday* (lit. He visto una película en Londres ayer), sino *I saw a film in London yesterday* (Ayer vi una película en Londres).

Ejercicios

1. Rellene los espacios en blanco con el _Simple Past_.

a) When .... you .... Robert? I .... him at seven o'clock. (meet)

b) They .... late this morning. (arrive)

c) I .... a new car yesterday. (buy)

d) She .... in London six years ago. (live)

e) Where .... you this morning? I .... at home. (be)

f) In 1066 the Normans .... England. (invade)

g) Two days ago John .... a pedestrian with his car. (hit)

h) My sister .... to Newcastle in 1998. (not move)

i) Last week, the journey .... us two hours. (take)

j) When I .... a child, I .... the piano. (be, play)

Past Continuous

Este tiempo equivale en la mayoría de los casos al imperfecto español. Se forma con el pasado simple del verbo *to be* (*was/were*) como auxiliar, más el participio presente del verbo principal.

Tabla del Past Continuous del verbo to drink

I was drinking.	Yo estaba bebiendo.
I was not/n't drinking.	Yo no estaba bebiendo.
Was I drinking?	¿Yo estaba bebiendo?
You were drinking.	Tú estabas bebiendo.
You were not/n't drinking.	Tú no estabas bebiendo.
Were you drinking?	¿Tú estabas bebiendo?
He was drinking.	Él estaba bebiendo.
He was not/n't drinking.	Él no estaba bebiendo.
Was he drinking?	¿Él estaba bebiendo?
She was drinking.	Ella estaba bebiendo.
She was not/n't drinking.	Ella no estaba bebiendo.
Was she drinking?	¿Ella estaba bebiendo?
It was drinking.	Estaba bebiendo.
It was not/n't drinking.	No estaba bebiendo.
Was it drinking?	¿Estaba bebiendo?
We were drinking.	Nosotros estábamos bebiendo.
We were not/n't drinking.	Nosotros no estábamos bebiendo.
Were we drinking?	¿Nosotros estábamos bebiendo?
You were drinking.	Vosotros estabais bebiendo.
You were not/n't drinking.	Vosotros no estabais bebiendo.
Were you drinking?	¿Vosotros estabais bebiendo?
They were drinking.	Ellos estaban bebiendo.
They were not/n't drinking.	Ellos no estaban bebiendo.
Were they drinking?	¿Ellos estaban bebiendo?

Este tiempo se emplea para expresar una acción pasada en proceso de realización. Se trata de una acción incompleta que estaba ocurriendo en ese momento en el pasado. Se destaca el carácter durativo, es decir, que la acción fue larga.

They were still playing cards at 4 a.m.
Seguían jugando a las cartas a las 4 de la madrugada.
(lit. Estaban todavía jugando...). Se desea señalar que la acción comenzó antes, y probablemente siguieron jugando después de esa hora.

De igual forma:

> *We were having breakfast at 7.30.*
> Nosotros estábamos desayunando a las 7.30.
> *It was still raining at lunchtime*
> Seguía lloviendo a la hora de comer.

También se emplea este tiempo para indicar que una acción larga estaba teniendo lugar en el pasado cuando fue interrumpido por otra acción leve:

> *We were driving when suddenly the object appeared.*
> Íbamos en coche cuando de repente apareció el objeto.

Si las acciones ocurren simultáneamente en el pasado, también se usa el pasado progresivo. La partícula temporal que más se repite es *while*:

> *While you were reading the paper, I was doing my homework.*
> Mientras tú leías el periódico, yo hacía los deberes.

Ejercicios

1. **Rellene los espacios en blanco con el *Simple Past* y el *Past Continuous*.**

   a) When I _____ (come in) she _____ (phone) her sister.
   b) While you _____ (watch TV) I _____ (cook) dinner.
   c) The students _____ (shout), when the teacher _____ (enter) the classroom.
   d) When I _____ (arrive) home, my children _____ (play) with their toys.
   e) My friend Peter _____ (shave), while I _____ (work).
   f) The telephone _____ (ring), when she _____ (read) a novel.
   g) The cat _____ (eat) the fish, while I _____ (sleep).
   h) He _____ (drive) home, when the police _____ (stop) him.
   i) Leonard _____ (dream), when you _____ (wake up) him.
   j) We _____ (dance), when he _____ (step) on my foot.

2. **Traduzca al inglés:**

   a) Ayer Peter estuvo trabajando todo el día.
   b) Mientras tú tocabas el piano yo escribía una carta.
   c) Cuando comenzó la guerra ellos vivían en Londres.
   d) Juan dejó de fumar el año pasado.
   e) Alguien dejó el perro en el jardín hace dos horas.
   f) La madre de Jack le mandó a la cama porque era tarde.
   g) Cuando salí, hacía sol.
   h) El chicó se cayó cuando iba corriendo.
   i) Se fue la luz mientras estábamos tomando el té.
   j) Perdió el bolso cuando paseaba por el parque.
   k) Cuando José buscaba su pasaporte se encontró una foto.
   l) Cuando lo conocí, él no llevaba gafas.
   m) Ella no hablaba inglés cuando fue a Londres.
   n) El policía iba caminando por la carretera cuando fue atacado.
   o) Visité Nueva York hace veinte años.
   p) Cuando ella lo vio él trabajaba de profesor.
   q) Anoche tuve un accidente de coche.
   r) No llegamos a casa hasta las dos de la madrugada.
   s) Ayer me levanté tarde y perdí el autobús.
   t) Estabas desayunando cuando sonó el teléfono.

Present Perfect

Es uno de los tiempos más complicados para el estudiante hispanohablante, ya que su equivalencia entre el tiempo inglés y el pretérito perfecto español no es exacta. El *Present Perfect* se forma con el presente del auxiliar *have* y el participio pasado del verbo que se conjugue. La forma interrogativa se hace alternando el orden sujeto y auxiliar y la forma negativa intercalando el adverbio de negación entre el auxiliar y el participio.

Tabla del Present Perfect del verbo to eat

I have eaten.	Yo he comido.
I have not/n't eaten.	Yo no he comido.
Have I eaten?	¿He comido?
You have eaten.	Tú has comido.
You have not/n't eaten.	Tú no has comido.
Have you eaten?	¿Has comido?
He has eaten.	Él ha comido.
He has not/n't eaten.	Él no ha comido.
Has he eaten?	¿Él ha comido?
She has eaten.	Ella ha comido.
She has not/n't eaten.	Ella no ha comido.
Has she eaten?	¿Ella ha comido?
It has eaten.	Ha comido.
It has not/n't eaten.	No ha comido.
Has it eaten?	¿Ha comido?
We have eaten.	Nosotros hemos comido.
We have not/n't eaten.	Nosotros no hemos comido.
Have we eaten?	¿Nosotros hemos comido?
You have eaten.	Vosotros habéis comido.
You have not/n't eaten.	Vosotros no habéis comido.
Have you eaten?	¿Vosotros habéis comido?
They have eaten.	Ellos han comido.
They have not/n't eaten.	Ellos no han comido.
Have they have eaten?	¿Ellos han comido?

El participio pasado de los verbos regulares (algunos gramáticos emplean la terminología de verbos débiles o regulares y fuertes o irregulares) se forma de igual modo que el *Simple Past*: añadiendo -*ed* al infinitivo: *open* > *opened*, *close* > *closed*, *ask* > *asked*. Si el verbo es irregular, el participio de pretérito es una forma que a veces coincide con el *Simple Past* y a veces no. El lector encontrará la lista de los verbos irregulares en los apéndices finales, en los que el participio ocupa el tercer lugar:

To speak - spoke - spoken

• Usos

1. Para acciones en las que no se especifica el tiempo en que ocurrieron, por ser desconocido o por que interesa resaltar solamente helecho en sí:

I have been to Sweden.
He estado en Suecia.
She has visited London.
Ella ha visitado Londres.

Si se dice el tiempo, es preceptivo el uso del *Simple Past*:

Have you seen that film? Yes, I saw it on Tuesday.
¿Has visto esa película? Sí, la vi el martes.

2. Para expresar una acción que ha tenido lugar en un período de tiempo que aún no ha concluido, como 'hoy', 'esta semana':

I haven't seen Peter today.
No he visto a Peter hoy.
How many exams have you had this month?
¿Cuántos exámenes has tenido este mes?

3. Para indicar acciones que empezaron en el pasado y todavía se están realizando en el presente. Este tiempo, que algunos gramáticos llaman presente inclusivo, expresa en español también el pasado. Si tomamos un verbo como *to live*, se traduce por llevar viviendo / hace... años que vivo / vivo aquí desde... En este uso el *Present Perfect* aparece combinado con *for* (si se expresa la cantidad de tiempo transcurrido) y *since* (si se indica cuándo se inició la acción):

Sammy has lived in London for three years.

Sammy vive/lleva viviendo en Londres tres años.
We have studied English for seven months.
Llevamos estudiando inglés siete meses.
John has been a teacher since 1990.
John es profesor desde 1990.
She has had her cat since it was a kitten.
Ella tiene el gato desde que era muy pequeño.

Además de los usos de *for* y *since*, el *Present Perfect* se utiliza con otras expresiones temporales. Para el hispanohablante resulta fácil observar estas estructuras que son frecuentes con este tiempo:

a) Con *ever* (alguna vez) en oraciones interrogativas, entre el sujeto y el participio:
   Have you ever been to Switzerland?
   ¿Has estado alguna vez en Suiza?

b) Con el adverbio *just* indica que la acción acaba de realizarse. La traducción al español es acabar de:
   I have just met my new boss.
   Acabo de conocer a mi nuevo jefe.
   She has just won the award for best actress.
   Ella acaba de ganar el premio a la mejor actriz.

c) Con *yet* —normalmente con preguntas— se traduce por 'ya' y en negaciones se traduce por 'todavía no':
   Has the film started yet? No, it hasn't started yet.
   ¿Ha empezado ya la película? No, aún no ha comenzado.

d) *Already* en frases afirmativas se traduce por ya:
   The boy has already finished his homework.
   El chico ha terminado ya sus deberes.

e) Con *always, never, often, so far, lately*:
   The director has already made two films.
   El director ha realizado ya dos películas.
   John hasn't visited us lately.
   John no nos ha visitado últimamente.

She has never disappointed me.
Ella nunca me ha decepcionado.
Mary has called me three times recently.
Mary me ha llamado tres veces últimamente.
The kid has always liked cartoons.
Al niño siempre le han gustado los dibujos animados.

El *Present Perfect* tiene una forma progresiva o continua que se construye con el pretérito perfecto del verbo *to be* + la forma en *-ing* del verbo correspondiente.

Tabla del Present Perfect Continuous del verbo to eat

I have been eating.	Yo he estado comiendo.
I have not/n't been eating.	Yo no he estado comiendo.
Have I been eating?	¿Yo he estado comiendo?
You have been eating.	Tú has estado comiendo.
You have not/n't been eating.	Tú no estado comiendo.
Have you been eating?	¿Tú has estado comiendo?
He has been eating.	Él ha estado comiendo.
He has not/n't been eating.	Él no ha estado comiendo.
Has he been eating?	¿Él ha estado comiendo?
She has been eating.	Ella ha estado comiendo.
She has not/n't been eating.	Ella no ha estado comiendo.
Has she been eating?	¿Ella ha estado comiendo?
It has been eating.	Ha estado comiendo.
It has not/n't been eating.	No ha estado comiendo.
Has it been eating?	¿Ha estado comiendo?
We have been eating.	Nosotros hemos estado comiendo.
We have not/n't been eating.	Nosotros no hemos estado comiendo.
Have we been eating?	¿Nosotros hemos estado comiendo?
You have been eating.	Vosotros habéis estado comiendo.
You have not/n't been eating.	Vosotros no habéis estado comiendo.
Have they been eating?	¿Vosotros habéis estado comiendo?

They have been eating.	Ellos han estado comiendo.
They have not/n't been eating.	Ellos no han estado comiendo.
Have they have been eating?	¿Ellos han estado comiendo?

Su uso alterna en muchos casos con el *Present Perfect* explicado anteriormente:

> *He has been working here since he was a child.*
> Trabaja aquí desde que era niño.
> (lit. Ha estado trabajando aquí desde que era niño o lleva trabajando aquí desde que era niño)
> *He has worked since he was a child.*
> Trabaja desde que era niño.
> (lit. Él ha trabajado...)

Si traducimos las oraciones de forma literal el resultado puede ser confuso, pues 'Ha trabajado desde que era niño' induce a pensar que ya no está trabajando, lo que en inglés no es así.

> *They have been playing tennis for 3 hours.*
> Llevan jugando al tenis 3 horas.
> (lit. Han estado jugando al tenis tres horas y aún están jugando)

Ejercicios

1. **Rellene los espacios en blanco con el** *Present Perfect* **o con el** *Simple Past*. **En algunos casos es posible el uso de ambos tiempos.**

   a) What a nuisance! I _____ (forget) my keys again.

   b) Since then John _____ always _____ (put on) his safety belt.

   c) So she _____ (live) in Newcastle for some years.

   d) Nobody _____ (write) to me for many weeks.

   e) He _____ (not eat) any meat since he was a boy.

   f) I _____ (discover) my mistake.

   g) She _____ (wear) the same old dress since last Monday.

   h) Peter _____ already _____ (see) The Lord of the Rings.

   i) _____ you _____ (spend) all your money?

   j) Robert _____ never _____ (ride) a camel.

   k) She _____ (be) fast asleep for three hours now.

   l) _____ you _____ (hear) from her lately?

   m) I _____ never _____ (be) to France.

   n) _____ Sam _____ (pass) his exams?

   o) The phone _____ just _____ (stop) ringing.

   p) I _____ (live) here for five years.

   q) You _____ (not send) me any money recently.

   r) Mary _____ (not be) to the cinema since she last saw me.

   s) Lorna _____ always _____ (want) to visit the British Museum.

   t) How long _____ you _____ (know) Peter?

2. **Traduzca al inglés.**

   a) ¿Has acabado ya los deberes? No, todavía no.

   b) ¿Han estado ustedes alguna vez en Turquía?

   c) Juan no vive aquí desde hace tres años.

d) Acabo de ver a un viejo amigo.

e) Él lleva viviendo en Manchester dos años.

f) Lou aún no ha escrito el discurso.

g) ¿Te han comprado ya el ordenador?

h) Tengo el mismo coche desde hace cinco años.

i) Se conocen desde hace diez años.

j) Todavía no he visto Matrix.

k) Hemos pedido el dinero al banco.

l) ¿Has montado alguna vez en moto?

m)¿Sabes algo de Antonio?

n) Mi hermano trabaja aquí desde 1990.

o) No he vuelto a comer carne desde el año pasado.

p) ¿Quién se ha llevado mi ordenador portátil?

q) Lleva más de un mes sin llover.

r) Nunca han estado en el zoo.

s) ¿Has leído algún drama de Shakespeare?

t) No escribo cartas desde hace tres años.

Past Perfect

Se forma con el pasado del verbo to have seguido del participio del verbo que corresponda. Éste acabará en -ed en los verbos regulares y será la tercera columna de los verbos irregulares.

Tabla del Past Perfect del verbo to eat

I had eaten.	Yo había comido.
I had not/n't eaten.	Yo no había comido.
Had I eaten?	¿Yo había comido?
You had eaten.	Tú habías comido.
You had not/n't eaten.	Tú no habías comido.
Had you eaten?	¿Tú habías comido?
He had eaten.	Él había comido.
He had not/n't eaten.	Él no había comido.
Had he eaten?	¿Él había comido?
She had eaten.	Ella había comido.
She had not/n't eaten.	Ella no había comido.
Had she eaten?	¿Ella había comido?
It had eaten.	Había comido.
It had not/n't had eaten.	No había comido.
Had it eaten?	¿Había comido?
We had eaten.	Nosotros habíamos comido.
We had not/n't eaten.	Nosotros no habíamos comido.
Had we eaten?	¿Nosotros habíamos comido?
You had eaten.	Vosotros habíais comido.
You had not/n't eaten.	Vosotros no habíais comido.
Had you eaten?	¿Vosotros habíais comido?
They had eaten.	Ellos habían comido.
They had not/n't eaten.	Ellos no habían comido.
Had they eaten?	¿Ellos habían comido?

Suele coincidir con el pretérito pluscuamperfecto del español y se utiliza para referirse a un período anterior al *Present Perfect* o al *Simple Past*.

• Usos

1. Para expresar una acción pasada pero anterior a otra que también tuvo lugar en el pasado.

> *They had thought about it, but preferred not to mention it.*

> Ellos habían pensado en ello, pero prefirieron no mencionarlo.

2. En oraciones temporales con expresones como *after, as soon as, before, by the time, until, when*:

> *When I got home, she had already made tea.*

> Cuando llegué a casa, ella ya había preparado el té.

> *As soon as I had heard the news, I sent a message.*

> Tan pronto como hube oído las noticias, envié un mensaje.

> *By the time she got to school, they had left.*

> Cuando ella llegó al colegio, ellos se habían marchado.

3. En la condición del tercer tipo de las oraciones condicionales, que en español traducimos por subjuntivo:

> *If he had known it.*

> Si él lo hubiera sabido.

Véase este punto con más extensión en el capítulo de las oraciones condicionales.

Este tiempo tiene también una forma progresiva que expresa mayor duración en la acción que la del *Past Perfect Tense*:

> *When he phoned I had been working four hours.*

> Cuando él me llamó por teléfono yo llevaba trabajando cuatro horas.

Ejercicios

1. Rellene los espacios en blanco con el *Past Perfect*.

a) I was more worried after _____ (read) it.

b) After _____ (finish) my work I went out.

c) Then I realized that I _____ (leave) my umbrella in my house.

d) John was upset because his friend _____ (send) him no letters.

e) Sue flew back home because she _____ (decide) to end her holiday.

f) Did you post the letter after you _____ (write) it?

g) They were very amused because the film _____ (be) very funny.

h) He took the money although I _____ (ask) him not to do so.

i) Susan wondered why I _____ (not visit) her before.

j) I was surprised to hear that Thomas _____ (pass) the exam.

2. Traduzca al inglés.

a) Él le preguntó a ella por qué había venido tan temprano.

b) Julia acababa de salir cuando la llamé a casa.

c) Cuando llegué a la fiesta todos se habían marchado.

d) Si hubieses corrido más, habrías tomado el autobús.

e) Después de que te hubieras ido, me fui a la cama.

f) La madre ya había preparado la comida cuando los niños regresaron del colegio.

g) El tren ya había salido cuando llegaron a la estación.

h) No había terminado mi desayuno cuando llamaron a la puerta.

i) La policía llegó cuando los ladrones se habían ido ya.

j) Él murió después de que lo operaran.

Capítulo XV

La expresión de futuro

Existen básicamente tres formas de indicar el futuro en inglés:

- Futuro puro.
- Con *going to*.
- Con el Presente Continuo (perifrástico).

1. Futuro puro

En la mayoría de los idiomas aglutinantes este tiempo se forma con el infinitivo de un verbo y una partícula o desinencia que implica obligación. Así, en español, decimos: iré, irá, iremos..., terminaciones que corresponden al presente de indicativo del verbo haber: ir + he > iré, ir + has > irás, ir + hemos > iremos. En su equivalente inglés, el auxiliar *shall* mantiene el matiz de obligación de hacer lo que expresa el infinitivo que lo sigue:

> *I shall go.*   Yo iré. (lit. he de ir)
> *They shall not pass.*   No pasarán. (lit. han de pasar)

El otro auxiliar *will* refleja el significado volitivo:

> *You will go.* (implica voluntad)
> Tú irás. (lit. quieres ir)

Morfología

El futuro simple o futuro puro se forma con el auxiliar *shall* para las primeras personas y *will* para todas las demás, especialmente en EE.UU., aunque hoy en día se suele utilizar *will* para todas las personas. En la práctica se utilizan poco las formas con *shall*. Ambas modalidades tienen una forma contraída que es 'll.

I will (shall)/'ll go to a dance on Sunday.
Yo iré a bailar el domingo.

You will/'ll go to a dance on Sunday.
Tú irás a bailar el domingo.

He, she, it will/'ll go to a dance on Sunday.
Él, ella, ello irá a bailar el domingo.

We will (shall)/'ll go to a dance on Sunday.
Nosotros iremos a bailar el domingo.

You will/'ll go to a dance on Sunday.
Vosotros iréis a bailar el domingo.

They will/'ll go to a dance on Sunday.
Ellos irán a bailar el domingo.

El Futuro negativo

I will not/won't go to a dance on Sunday.
Yo no iré a bailar el domingo.

You will not/won't go to a dance on Sunday.
Tú no irás a bailar el domingo.

He, she, it will not/won't go to a dance on Sunday.
Él, ella, ello no irá a bailar el domingo.

We will not/won't go to a dance on Sunday.
Nosotros no iremos a bailar el domingo.

You will not/won't go to a dance on Sunday.
Vosotros no iréis a bailar el domingo.

They will not/won't go to a dance on Sunday.
Ellos no irán a bailar el domingo.

El Futuro interrogativo

Will I go to a dance on Sunday?
¿Iré a bailar el domingo?

Will you go to a dance on Sunday?
¿Tú irás a bailar el domingo?

Will he, she, it go to a dance on Sunday?
¿Él, ella, ello irá a bailar el domingo?

Will we go to a dance on Sunday?
¿Nosotros iremos a bailar el domingo?

Will you go to a dance on Sunday?
¿Vosotros iréis a bailar el domingo?

Will they go to a dance on Sunday?
¿Ellos irán a bailar el domingo?

Aparte de las formas contraídas del cuadro, hay formas poco utilizadas como *shall* que se contrae en negativo del siguiente modo: *shall not > shan't.*

• Usos

1. Cuando la acción tiene lugar en el futuro:
   She will go to University next year.
   Ella irá a la Universidad el próximo año.
En la expresión de este futuro no suele intervenir la voluntad de quien habla:
   I shall be thirty on Tuesday.
   Cumpliré treinta el martes.
   It'll be soon.
   Pronto será verano.

2. Para decisiones que se toman espontáneamente, en el momento de hablar:
   I am getting tired; I'll take a taxi.
   Me encuentro cansado, tomaré un taxi.
   Do you know what? I think I'll buy it
   ¿Sabes una cosa?, creo que lo compraré.
   It's cold, I'll close the window.
   Hace frío, cerraré la puerta.

3. *Shall* lo utilizamos cuando nos ofrecemos a hacer algo:
   Shall I turn off the televisión?
   ¿Apago la televisión?

Shall I carry the suitcase for you?

¿Te llevo la maleta?

En este uso no se admite *will*. Existe un uso cercano a éste en el que se pone más énfasis en la sugerencia:

Shall we dance?

¿Bailamos?

Shall we have another drink?

¿Nos tomamos otra copa?

4. Usamos tanto *shall* como *will* para expresar una firme voluntad por parte de la persona que habla:

You shall do your homework, even if you don't want to.

Harás tus deberes aunque no quieras.

You will sit here.

Tú te sentarás aquí.

We shall overcome.

Venceremos.

En este apartado se pueden incluir los siguientes ejemplos:

They shall not pass.

No pasarán.

Thou shalt not kill.

No matarás. (Uso arcaico)

En general, si se invierten los usos de *shall* y *will*, es decir, *will* para primeras personas y *shall* para las demás, introducimos en la frase un valor enfático del futuro: *I will do it* (sí que lo haré), *she shall finish it* (ella sí que lo terminará).

Aquí se pueden reseñar algunas muestras del lenguaje legal o de avisos públicos que también recurren al auxiliar *shall*:

The prisoner shall be sentenced to three years' imprisonment.

El preso será sentenciado a tres años de cárcel.

All litter shall be placed in the dustbin.

Toda la basura deberá ser colocada en el cubo.

5. El uso de *will* en peticiones corteses y ofrecimientos es muy frecuente en el inglés hablado:

Will you have a cup of tea?

¿Quieres una taza de té?
Will you please shut the door?
¿Quieres por favor cerrar la puerta?
Otras alternativa a este uso sería: *Would you...?*
Would you like a cup of tea?
¿Te gustaría una taza de té?

6. Para indicar promesa o amenaza:
We won't be late.
No llegaremos tarde.
If you behave, you shall have the present you want.
Si te portas bien, tendrás el regalo que quieres.
You shall be punished if you ever do it again.
Serás castigado si vuelves a hacerlo de nuevo.
I'll tell your mother.
Se lo diré a tu madre.

2. Futuro de intención

Además del futuro puro con *shall* y *will* hay otra forma alternativa de expresar la misma idea. Se trata del futuro perifrástico con la forma *to be going to*:

Morfología

Se forma con el presente del verbo *to be + going to*:

I am going to help. I am not going to help. Am I going to help?
Voy a ayudar. Yo no voy a ayudar. ¿Voy yo a ayudar?

También se lo conoce como "futuro inmediato". Esta perífrasis con *going to* tiene un uso más extenso que el futuro puro; es decir, probablemente el hablante utilizará con mayor frecuencia la forma *What is she going to do tomorrow?* (¿Qué va a hacer ella mañana?) que *What will she do tomorrow?* (Qué hará ella mañana?); a pesar de que con frecuencia el futuro con *will* y el *be going to* tienen el mismo significado, hay casos que son claramente diferenciados:

I'll see him tomorrow. We always catch the same bus.
Lo veré mañana. Nosotros siempre tomamos el mismo autobús.
I'm going to see him tomorrow at 7.30 outside the cinema.
Voy a ir a verlo mañana a las 7.30 en la puerta del cine.

En el primer caso queremos decir que es seguro, o al menos muy probable, que lo veamos mañana, porque siempre tomamos el mismo autobús. Pero esto no es algo que nosotros hayamos decidido o tengamos especial interés en hacer. Simplemente ocurrirá así. En el siguiente ejemplo, lo que queremos decir es que hemos decidido o planeado verlo mañana, por cualquier razón, por ejemplo que hemos quedado para ir al cine juntos. Así pues, donde se pone énfasis en esta forma perifrástica es en la intención programada antes del momento de hablar. No expresa, por tanto, mera predicción espontánea:

I am going to clear out the garage one of these days.
Voy a ordenar el garaje un día de éstos.

We are not going to have a holiday this year.
No vamos a tener vacaciones este año.

I am not going to marry him.
No me voy a casar con él.

También se usa el futuro de intención cuando vemos claramente que algo va a suceder, o cuando comprendemos que sucederá pronto:

It's going to rain.
Va a llover.

She's going to have a baby.
Ella va a tener un niño.

I am going to miss that bus!
¡Voy a perder ese autobús!

3. Presente continuo

También es posible expresar con este tiempo la idea de futuro. Se trata de una acción que está concertada o programada para el futuro. Son planes para una acción próxima:

I'm meeting Barbara tonight.
Esta noche me reúno con Barbara.

He's leaving Rome tomorrow.
Se va de Roma mañana.

En este caso el español también usa el presente para expresar una idea de futuro cercano. En inglés es muy frecuente con verbos de movimiento: *come* (venir), *fly* (volar), *drive* (conducir).

El presente habitual se usa con idea de futuro cuando se trata de acciones programadas en el futuro, aunque suele ser cosas que ocurren siempre (horarios...):

The plane leaves at 7.30 p.m.
El avión sale a las 7.30 de la tarde.

Para que el lector pueda comprobar los diferentes usos de las diferentes modalidades de futuro, observe estas frases, hablando de los diversos planes de Mary. Ante la pregunta: *What lies ahead?* (¿Qué nos deparará el futuro?), caben tres respuestas posibles:

a) Futuro cercano

What are you doing this weekend, Mary?
– I am going out with my friends.
¿Qué haces este fin de semana, Mary?
– Salgo con mis amigos.

b) Futuro de intención

What are you going to do when you finish school?
– I am going to go to University.
¿Qué vas a hacer cuando termines el colegio?
– Voy a ir a la Universidad.

c) Futuro puro

What will your life be like 10 years from now?
– I will be married.
¿Cómo será tu vida dentro de diez años?
– Estaré casada.

Podríamos haberlo confirmado con otras dos preguntas:

d) *What will you be doing when you are 30?*

– I will be working
¿Qué estarás haciendo cuando tengas treinta años?
– Estaré trabajando.

e) *What will you have done by the time you are 50?*

– I will have earned a lot of money.
¿Qué habrás hecho para cuando cumplas 50 años?
– Habré ganado mucho dinero.

De esta forma en la d) y e) habríamos visto un ejemplo de
Futuro continuo y otro de Futuro perfecto.

Ejercicios

1. Rellene los espacios en blanco con *going to* o *will /shall*.

a) Look at the weather forecast. It _____ (rain).

b) He's feeling hot. He _____ (have) a shower.

c) Goodbye. I _____ (see) you next Monday.

d) He _____ (post) the letter today so you _____ (get) it tomorrow.

e) It's late, Jane _____ (ring) you tomorrow.

f) It's cold, I _____ (stay) at home.

g) Hurry up! you _____ (miss) the bus.

h) _____ I carry the suitcase for you?

i) _____ you do me a favour?

j) When _____ you _____ (answer) my question?

k) When _____ you _____ (have) your baby?

2. Traduzca al inglés.

a) Te veré mañana cuando acaben las clases

b) Hace calor, abriré la ventana.

c) Ahora no llueve, ¿salimos?

d) ¿Quieres traerme un vaso de agua, por favor?

e) Estoy cansado, tomaré un taxi.

f) Si suspendes, no te compraré el ordenador.

g) ¿Qué vas a hacer cuando termines los estudios?

h) No llegarás a tiempo si vas andando.

i) El próximo lunes me voy a Londres.

j) Tiene una pistola en la mano, va a robar un banco.

k) Pronto sabremos la respuesta.

l) Cumpliré cincuenta el mes que viene.

m) Si comes mucho, engordarás.

n) ¿Qué te vas a poner para la fiesta de esta noche?

o) ¿Jugamos al tenis o nos vamos al cine?

p) ¿Quieres contestar el teléfono? Estoy en el baño.

q) Mamá quiere saber cuándo vas a ordenar tu cuarto.

r) No voy a casarme con Pedro.

s) Dentro de dos años hablaré inglés bastante bien.

t) Nunca sabrás lo que pasó entre él y yo.

Capítulo XVI

La voz pasiva

La voz en el sistema verbal es el accidente que indica si el sujeto realiza la acción o la padece. En la voz activa el sujeto es agente, es decir, la causa de la acción: *I write letters, John is buying a toy for his son*. En la voz pasiva el sujeto es paciente y el agente es otro, que puede o no ir expreso. Se construye con el verbo *to be* seguido del participio del verbo que se conjuga. El que produce la acción o complemento agente se añade al verbo por medio de la preposición *by*. Veamos el paso de una oración activa a una pasiva:

The cleaners empty the bins every evening.
Los cubos son vaciados por las limpiadoras todas las tardes.

The bins are emptied by the cleaners every evening.
Las limpiadoras vacían los cubos todas las tardes.

En donde podemos observar que el objeto directo de la frase activa (*the bins*) pasa a ser el sujeto paciente de la pasiva. El verbo se mantiene en el mismo tiempo (*empty > are emptied*) teniendo en cuenta que en la forma pasiva se requiere el participio de pretérito. Esta forma del verbo se construye añadiendo -*ed* a los verbos regulares, y en el caso de los irregulares se construye añadiendo la tercera forma del enunciado (*to speak, spoke, spoken*). El sujeto de la frase activa (*the cleaners*) se convierte en ablativo agente precedido por *by*. Como puede comprobarse, las oraciones arriba indicadas transmiten el mismo mensaje, es decir, son anverso y reverso de la misma horma de expresión.

En inglés se usa mucho más la voz pasiva que en español, donde son posibles otras construcciones como la pasiva refleja, construcciones impersonales...

A continuación se puede comprobar en la siguiente tabla la equivalencia de los diversos tiempos en activa y en pasiva del verbo *to do*:

	Activa	*Pasiva*
Present simple	*I sing a song* Canto una canción	*A song is sung* Una canción es cantada
Present continuous	*I am singing a song* Estoy cantando una canción	*A song is being sung* Una canción está siendo cantada
Present perfect	*I have sung a song* He cantado una canción	*A song has been sung* Una canción ha sido cantada
Past simple	*I sang a song* Canté una canción	*A song was sung* Una canción fue cantada
Past continuous	*I was singing a song* Yo estaba cantando una canción	*A song was being sung* Una canción estaba siendo cantada
Past perfect	*I had sung a song* Yo había cantado una canción	*A song had been sung* Una canción había sido cantada
Future	*I will sing a song* Cantaré una canción	*A song will be sung* Una canción será cantada
Future continuous	*I will be singing a song* Estaré cantando una canción	*A song will be being sung* Una canción estará siendo cantada
Future perfect	*I will have sung a song* Yo habré cantado una canción	*A song will have been sung* Una canción habrá sido cantada
Conditional	*I would sing a song* *A song would be sung*	Cantaría una canción Una canción sería cantada
Conditional perfect	*I would have sung a song* Yo habría cantado una canción	*A song would have been song* Una canción habría sido cantada

• Usos

1. Se utiliza la voz pasiva cuando se desea poner más énfasis en la acción y no en el sujeto que la lleva a cabo:

The car was stolen.
Robaron el coche
(lit. El coche fue robado)
The mail is delivered every day.
Se entrega el correo todos los días.
(lit. El correo es entregado…)

2. En la mayoría de las frases pasivas no se suele decir quién realiza la acción, por lo que el ablativo agente no aparece, a menos que se desee explicitar la persona que hizo la acción:

That novel was written by Lawrence Durrell.
Esa novela fue escrita por Lawrence Durrell.

3. La llamada pasiva refleja del español, que se forma con el verbo en tercera persona, precedido de la partícula se, equivale a la pasiva en inglés:

English is spoken.
Se habla inglés.
(lit. Inglés es hablado)
Books are sold.
Se venden libros.
(lit. Libros son vendidos)
A babysitter is wanted.
Se busca canguro.

4. A veces aparece la pasiva con *it* para comentar lo que se cree, se informa, etc. Este uso es bastante frecuente en el lenguaje periodístico:

It is said that the weather is going to change.
Se dice que el tiempo va a cambiar.
It is believed that the painting is a fake.
Se cree que la pintura es una falsificación.
It is said that the taxes are too high.
Se dice que los impuestos son muy altos.

5. En algunos casos la oración en pasiva tiene doble complemento, uno directo y otro indirecto de persona. La oración activa:

They sent a telegram to the winner.
C.D. C.I.
Enviaron un telegrama al ganador.

Puede expresarse en pasiva de dos formas, según utilicemos como sujeto el complemento directo o el indirecto:

A telegram was sent to the winner.
Un telegrama fue enviado al ganador.
The winner was sent a telegram.
Al ganador le enviaron un telegrama.

Esta última forma es la más frecuente en el inglés moderno. Para el hispanohablante esta construcción no es posible. Así, para traducir: *He was given a prize* se admitiría 'le dieron un premio' o 'le fue entregado un premio' pero no 'él fue entregado un premio', que sería la traducción literal del inglés.

Este tipo de construcción es propia de verbos como *give, show teach, tell, promise, make, pay*, etc.

Mary was shown the way.
A Mary le mostraron el camino.
I was offered some help.
Me ofrecieron ayuda.
Jim was asked a question.
A Jim le formularon una pregunta.
They were told to come.
Les dijeron que vinieran.

6. En inglés se usa mucho la pasiva en recetas de cocina y en la descripción de experimentos científicos:

Milk is added to the soup.
Se le añade leche a la sopa.
Cells are frozen by scientists.
Los científicos congelan células.

7. Después de los verbos anómalos se usa la pasiva con *be* + participio pasivo:

Breakfast cannot be served after 10 o'clock.

No se sirven desayunos después de las 10.
Must the bill be paid in cash?
¿Se debe abonar la cuenta al contado?
Un uso parecido, pero con *to*, es el que aparece en instrucciones y avisos frecuentes en envases de medicamentos y productos químicos.
To be taken 3 times a day.
Ha de tomarse tres veces al día.
To be used within a year.
Debe consumirse en el plazo de un año.
Y al final de cómics y series de televisión:
To be continued.
Continuará.

8. En inglés informal, cuando la oración describe un hecho, más que un estado, se suele usar *get* en lugar de *be* como auxiliar de la pasiva:
The garage gets flooded every time it rains.
El garaje se inunda cada vez que llueve.
The window got broken last night.
Se rompió la ventana la semana pasada.
They got married in Madrid yesterday.
Se casaron ayer en Madrid.
El uso de *get* + participio pasado es frecuente en una acción reflexiva:
He got hurt with a knife.
Se cortó con un cuchillo.
De igual forma: *to get burnt* (quemarse), *to get stuck* (quedarse atrapado), *to get drowned* (ahogarse), *to get killed* (matarse), *to get broken* (romperse).
También es posible el uso pasivo de *get* y *have* con valor causativo; indicando que se manda hacer algo: *I had/got my car repaired* (me arreglaron el coche), *I had/got a new tap fitted* (me instalaron un grifo nuevo), *I had/got my house painted* (me pintaron la casa), o indica que el sujeto sufre o recibe la acción del verbo: *He had a tooth taken out yesterday* (le extrajeron una muela ayer).
Obsérvense otras expresiones:
Get suntanned

Broncearse
Get dressed
Vestirse
Get lost
Extraviarse

9. El equivalente del verbo 'nacer' *to be born* es pasivo en inglés:

Where were you born?
¿Dónde naciste?
I was born in Chicago.
Nací en Chicago.
How many babies are born every day?
¿Cuántos niños nacen diariamente?

10. Cuando el verbo se forma con una partícula adverbial, no se separa el verbo de adverbio:

The light has been switched on.
Han encendido la luz.
He was waited for.
Le esperaron.
She was brought up by her grandparents.
A ella la criaron sus abuelos.

11. Hay un grupo de verbos que, a pesar de ser intransitivos en castellano, pueden ser transitivos en inglés, con lo que se pueden usar en pasiva. Por ejemplo, los verbos *run, fly, stand, walk*:

Dogs are not allowed in this shop.
No se permiten perros en este establecimiento.
The cargo will be flown to England next Tuesday.
La mercancía será transportada a Inglaterra el próximo martes.
These trains will not run when the is over.
Estos trenes quedarán fuera de servicio después del verano.

Ejercicios

1. Ponga en pasiva las siguientes frases:

a) She gives her little sister a ticket.

b) They build a house.

c) People speak English all over the world.

d) Somebody left the dog in the garden.

e) They built this bridge last year.

f) They will take her to hospital tomorrow.

g) I often give him presents.

h) They gave him a prize.

i) They have left the gate open.

j) They are just writing it.

k) They will ask us several questions.

l) We were watering the flowers.

m) We use flour to make a cake.

n) They want a babysitter.

o) Someone has opened the door.

p) Nobody has made any mistakes.

q) I will call you later on.

r) We will look after Mary well.

s) They gave a party in his honour.

t) Who painted 'The Meninas'?

2. Escriba estas frases en inglés:

a) Se busca jardinero para trabajo de media jornada.

b) Se venden sellos usados.

c) El paciente fue examinado por el médico.

d) Me corté el pelo hace dos días.

e) A Cela le dieron el Premio Nobel.

f) Nos pidieron los pasaportes.

g) Juan no rompió la ventana de su dormitorio.

h) Te llamarán esta noche por teléfono.

i) Fuimos castigados por algo que nosotros no habíamos hecho.

j) Ella será trasladada al hospital.

k) Nos vendieron libros usados.

l) Se habla alemán en esta tienda.

m) Se lavan coches 24 horas al día.

n) Se alquilan estas casas en verano.

o) Me ofrecieron un trabajo nuevo.

p) Se pasan trabajos a máquina.

q) Mientras estuve fueran me pintaron la casa.

r) Resultó herido en un accidente de coche.

s) A mi tío lo mataron en la Guerra Civil.

t) La canción fue compuesta J. M. Serrat.

Capítulo XVII

Oraciones condicionales

Las oraciones que constituyen el período condicional van enlazadas por la conjunción *if*. Para formar este tipo de oraciones se requieren dos partes: una condición o prótasis y la consecuencia o apódosis. El cumplimiento de la acción de la apódosis depende del cumplimiento de la acción de la prótasis.

> *If I win the lottery*
> Oración condicional

> *I will buy a new house*
> Oración principal

Si me toca la lotería me compraré una nueva casa.

Aparte de la conjunción *if* hay otros nexos posibles: *unless* (a menos que), *provided that* (con tal que, siempre que), *in case* (en caso de que, por si), *on condition that* (con la condición de que):

> *Unless we get money, we won't get there.*
> A menos que ganemos dinero, no iremos allí.

> *I'll give you some money on condition that you tidy my room.*
> Te daré dinero con la condición de que limpies my habitación.

> *You can use my motorbike provided that you drive carefully.*
> Puedes utilizar mi moto siempre que la conduzcas con cuidado.

Básicamente hay tres tipos de oraciones condicionales dependiendo de la relación que exista entre la prótasis y la apódosis: la condición posible, la condición improbable y la imposible.

1. Condición posible

Establece una condición que es probable que se cumpla. Se conoce también como *open conditions* (condiciones abiertas). Se refieren generalmente al futuro. La estructura básica es:

If + presente ─────────────── futuro simple
(condición)   (consecuencia)

> *If it rains, we'll stay at home.*
> Si llueve, nos quedaremos en casa.

> *If you hit me, I'll hit you.*
> Si me golpeas, te golpearé.

> *If you go to England, you'll learn a lot of English.*
> Si vas a Inglaterra, aprenderás mucho inglés.

Es posible que el orden de la frase condicional varíe y se inicie con la apódosis, en lugar de hacerlo con la prótasis.

> *I'll wash the dishes if you dry them*
> Yo lavaré los platos si tú los secas.

> *She'll get wet if she walks in the rain.*
> Ella se mojará si pasea bajo la lluvia.

Obsérvese que en este orden no es necesario la coma que separa la oración principal de la subordinada.
Este tipo de condicional se emplea también para expresar amenazas o advertencias de peligro:

> *If you are not careful, you'll break it.*
> Si no tienes cuidado, lo romperás.

A veces puede existir alguna variante en la estructura tipo, arriba mencionada.

a) *If* + presente simple… presente simple. Esta estructura se usa para expresar una verdad universal:

> *If you eat too much, you get ill.*

180

Si comes demasiado, te pones malo.

If he sells his house for that price, he's mad.
Si vende su casa por ese precio, está loco.

If people make an effort, they get what they want.
Si uno se esfuerza, puede conseguir lo que quiera.

b) *If* + presente... imperativo. Esta estructura se utiliza a veces para dar consejos:

If you want to win a gold medal, train several hours a day.
Si quieres ganar una medalla de oro, entrena varias horas al día.

c) *If* + presente... verbo anómalo (presente):

If I go, I can take you in my car.
Si yo voy, te puedo llevar en mi coche.
If you get up at 12 o'clock in the morning, you may be late.
Si te levantas a las doce de la mañana, puede que llegues tarde.

2. Condición improbable

En este caso la condición que se impone es menos probable que pueda llevarse a cabo, aunque podría ocurrir. Su estructura es:

If + pasado ——————— condicional simple
(condición)   (consecuencia)

If you missed that train, you would be late.
Si perdieras ese tren, llegarías tarde.

If he wore glasses, he would see better.
Si él llevara gafas, vería mejor.

If I found a wallet in the street, I'd take it to the police.
Si me encontrara una cartera en la calle, la llevaría a la policía.

En este segundo tipo también es posible la inversión con-dición-consecuencia:

Would you mind if I used your phone?
¿Le importaría si utilizara su teléfono?

Nótese que la traducción al español suele corresponder al pretérito imperfecto de subjuntivo: *If I went to England =* Si fuese a Inglaterra.
Si el verbo en la oración subordinada es *to be*, se emplea *were* para todas las personas:

If I were rich, I would buy that house.
Si yo fuera rico, me compraría esa casa.

If you were in my position, what would you do?
Si estuvieras en mi lugar, ¿qué harías?

If you were taller, I'd dance with you.
Si fueras más alto, bailaría contigo.

Suele emplearse para expresar ambición o futuras esperan-zas:

If I got a rise, I would buy a flat.
Si consiguiera un aumento (de sueldo), me compraría un piso.

En caso de utilizar verbos anómalos en la consecuencia, se debe usar en su forma pasada:

If you asked him nicely, he might let you go to the cinema.
Si se lo pidieras amablemente, tal vez te dejaría ir al cine.

If Peter were rich, he could travel around the world.
Si Peter fuera rico, podría viajar alrededor del mundo.

3. Condición imposible

Se refiere a acciones pasadas que no pudieron realizarse. Se suele emplear para expresar arrepentimiento o queja. Su estructura es:

If + P. pluscuamp. .... *would have* + part.
(condición)   (consecuencia)

Se las conoce también como 'oraciones irreales', porque se refieren al pasado y es imposible que puedan llevarse a cabo:

If you had asked me, I would have told you the whole story.
Si me hubieras preguntado, te hubiera contado toda la historia.

If I had known it, I wouldn't have come.
Si lo hubiera sabido, no habría venido.

Si se desea emplear los verbos defectivos en la consecuencia debemos usar las formas *could have, might have*:

Tom might have come to the party if he had known it.
Tom podría haber venido a la fiesta si lo hubiera sabido.

If he had studied law, he could have been a good lawyer.
Si él hubiera estudiado derecho, podría haber sido un buen abogado.

A veces se utiliza el condicional en textos legales o muy formales:

If any person be found guilty, he shall have the right to appeal.
Si alguna persona es hallada culpable, tendrá derecho a recurrir.

Para facilitarle al lector la diferencia entre los tres tipos de oraciones condicionales, véanse estos ejemplos que suelen estar cerca de sus experiencias de exámenes y aprobados:

If you study harder, you will pass your examination.
Si estudias más, aprobarás el examen.

No sabemos si vas a estudiar mucho o no, pero si lo haces,

ésa es la condición requerida, está claro que aprobarás (*Open condition*).

> *If you studied harder, you would pass your examination.*
> Si estudiaras más, aprobarías el examen.

Sabemos o pensamos que no tienes intención de hacer un esfuerzo, porque no eres un buen estudiante (*Hypothetical condition*).

> *If you had studied harder, you would have passed your examination.*
> Si hubieras estudiado más, habrías aprobado el examen.

Has obtenido los resultados del examen y no has conseguido aprobar. Ahora no es tiempo de lamentarse (*Impossible condition*).

Cuadro resumen de las oraciones condicionales

I Condición posible

If + presente — futuro	*If* + presente — presente	*If* + presente — imperativo
If he sees it, he'll like it.	*If you go, I go.*	*If you go there, buy it.*
Si lo ve, le gustará.	Si tú vas, yo voy.	Si vas allí, cómpralo.

II Condición improbable

If + Simple Past — cond.	*If* + *could* ——— cond.	*If* + *were* ——— cond.
If I ate that, I would get sick.	*If I could, I would go there.*	*If I were you, I would leave.*
Si comiera eso, me pondría enfermo.	Si pudiera, iría allí.	Si yo fuera tú, me iría.

III Condición imposible

If + Past Perfect — *would have* + participio	*If* + Past Perfect ——— *could have* + participio
If I had known it, I would have left earlier.	*If he had driven that car, he could have had an accident.*
Si lo hubiera sabido, me hubiera marchado antes.	Si él hubiera conducido ese coche, podría haber tenido un accidente.

Ejercicios

1. Escriba la forma correcta del verbo de las siguientes oraciones condicionales:

a) If you .... (be) here, I would be happy.

b) If I .... (get) the money, I will buy the house.

c) If it had rained yesterday, I .... (stay) at home.

d) Unless you study harder, you .... (not pass) the exam.

e) If she helps me, I .... (help) her.

f) If you eat that fish, you .... (get) ill.

g) If you dropped that lamp, it .... (break).

h) He'd travel round the world if he .... (win) a lot of money.

i) If I don't get that job soon, I .... (move).

j) If he had known it, he .... (not come).

k) If Peter .... (know) it was her birthday, he would have bought her a present.

l) If you get a haircut, you .... (get) a job.

m) If he hadn't pushed me, I .... (score).

n) If I were you, I .... (see) him anymore.

o) If he .... (have) time, he would do the work.

2. Traduzca al inglés.

a) Si tú tienes razón, yo estoy equivocado.

b) Me iría contigo si me lo pidieras.

c) Si yo fuera el Presidente del gobierno, bajaría los impuestos.

d) Si yo viviese en Inglaterra, hablaría inglés mejor.

e) Si te hubieras levantado antes, habrías llegado a tiempo.

f) Iríamos a Madrid si arreglaras el coche.

g) Si me caso, no dejaré de trabajo.

h) Si te gusta, cómpratelo.

i) Si no me crees lo que te digo, pregúntale a tu padre.

185

j) Me compraría un Porsche si me tocara la lotería.

k) Hubiera ido a buscarte a la estación si hubiera sabido que venías.

l) Sería fantástico si me ayudases.

m)   Si no entiendes nada, pregúntame.

n) Si estás cansado, vete a dormir.

o) No me duermo, a no ser que tome pastillas.

Capítulo XVIII

Estilo indirecto

Dentro de las oraciones subordinadas sustantivas hay un grupo, las llamadas 'objetivas', que hacen el papel de un acusativo. En ellas hay que distinguir las oraciones de 'estilo directo' y las de 'estilo indirecto' (*Reported Speech*). Estas últimas son oraciones compuestas formadas por una principal que contiene un verbo de expresión (say, tell, ask) y una subordinada, que es el complemento directo del verbo de expresión.

Así podemos observar que para informar sobre lo que alguien dice, dijo, o ha dicho, hay dos procedimientos: 1) Citar sus palabras exactas (estilo directo) y 2) Si nos limitamos a dar una referencia personal de lo dicho por el otro. En inglés esta última forma se llama *Reported Speech*.

John said: "I like Amsterdam." (estilo directo)
(John dijo: "Me gusta Amsterdam").

John said (that) he liked Amsterdam. (estilo indirecto)
(John dijo que le gustaba Amsterdam).

En el estilo directo, las palabras reproducidas van en inglés entre comillas, como en español. Sin embargo, en castellano, cuando se trata de un diálogo, sobre todo en la novela, es más frecuente el uso de rayas o guiones. En el *Reported Speech* desaparecen estos signos ortográficos, como también ocurre con el de interrogación.

La conversión de lo que alguien dijo textualmente al estilo indirecto trae consigo una serie de cambios de dos tipos: 1) sintácticos y 2) morfológicos. Los primeros afectan al verbo introductorio y al tiempo, y los morfológicos afectan al espacio y al tiempo.

Así, por ejemplo:
He said: "Where is the newspaper?"
Él dijo: "¿Dónde está el periódico?"

Pasaría a:

He asked me where the newspaper was.
Me preguntó que dónde estaba el periódico.

Se puede observar que las alteraciones afectan al tiempo verbal (*is* > *was*), a los pronombres, etc. Este procedimiento expresivo es propio de la lengua hablada y de la lengua escrita, donde constituye uno de los mayores recursos narrativos que incluyen el cambio de la perspectiva en el relato. En el teatro, podríamos decir que la forma de reflejar la actitud del hablante es estilo directo puro, mientras que en la narración (cuento, relato, novela) suele ir alternando un estilo u otro. Algunos gramáticos denominan a este procedimiento como 'lenguaje indirecto libre' que es de gran uso en la narrativa contemporánea, combinando el estilo directo con el indirecto.

Suele utilizarse para expresar los pensamientos del personaje. La escritora británica Virginia Woolf sería un buen ejemplo pues utiliza con frecuencia el *stream of conscience*, que no es otra cosa que el estilo indirecto. A efectos didácticos se pueden distinguir tres tipos de frases: a) enunciativas b) interrogativas y c) órdenes, peticiones, invitaciones, sugerencias, etc. Vamos a ver cómo se pasa del estilo directo a indirecto en cada una de ellas.

1. Oraciones afirmativas

En ellas el verbo que introduce el estilo indirecto va en pasado, ya que solemos contar con posterioridad lo que alguien ha dicho. Aquí se utilizan formas verbales como *said, told, answered…* seguidas de la conjunción *that*, que suele suprimirse:

Peter said: "I am hungry."
Peter dijo: "Tengo hambre".
(lit. estoy hambriento)

Peter said (that) he was hungry.
Peter dijo que tenía hambre.

En el que ya aparecen dos cambios importantes: el pronombre (*I* > *he*) y el tiempo verbal (*am* > *was*). En estas transformaciones deben observarse los siguientes cambios de tiempo:

Estilo directo	Estilo indirecto
Present Simple	*Past Simple*
Mike said: "I like football."	*Mike said he liked football.*
Mike dijo: "Me gusta el fútbol".	Mike dijo que le gustaba el fútbol.
Present Continuous	*Past Continuous*
Lola said: "I am living in Barcelona."	*Lola said she was living in Barcelona.*
Lola dijo: "Estoy viviendo en Barcelona".	Lola dijo que estaba viviendo en Barcelona.
Past Simple	*Past Perfect*
Samantha said: "I stayed in Italy for a month."	*Samantha said she stayed in Italy for a month.*
Samantha dijo: "Estuve en Italia un mes".	Samantha dijo que había estado en Italia un mes.
Present Perfect	*Past Perfect*
William said: "I have seen that film."	*William said he had seen that film.*
William dijo: "He visto esa película".	William dijo que había visto esa película.
Future	*Conditional*
She said: "I will see them later."	*She said she would see them later.*
Ella dijo: "Los veré más tarde".	Ella dijo que los vería más tarde.
Can, must, may	*Could, had to, might*
Mary said: "I can order a salad."	*Mary said she could order a salad.*
Mary dijo: "Puedo pedir una ensalada".	Mary dijo que podía pedir una ensalada.
Larry said: "I may go to London."	*Larry said he might go to London.*
Larry dijo: "Puede que vaya a Londres".	Larry dijo que pudiera ser que fuera a Londres.
The headmaster said: "You must wear a uniform."	*The headmaster told her she had to wear a uniform.*
El director dijo: "Debes llevar uniforme".	El director le dijo que tenía que llevar uniforme.

El verbo introductorio de las oraciones de estilo indirecto puede ser también:

tell (decir, contar), *explain* (explicar), *promise* (prometer), *ask* (preguntar), *comment* (comentar).

Conviene recordar que la forma *tell* requiere un complemento indirecto de persona:

> *Lewis told me he wanted to go there.*
> Lewis me dijo que quería ir allí.

También se puede expresar con *say*:

> *Lewis said to me he wanted to go there.*

Sin embargo, si no se menciona la persona, sólo cabe usar *say*:

> *Lewis said (that) he wanted to go there.*

Como ya vimos en los ejemplos iniciales, aparte de cambiar los tiempos verbales también es necesario efectuar algunos cambios en los pronombres:

> *"I am the best," the boxer said.*
> "Soy el mejor", dijo el boxeador.

> *The boxer said he was the best.*
> El boxeador dijo que era el mejor.

Igualmente:

> *The children said: "We need a ball."*
> Los niños dijeron: "Necesitamos un balón".

> *The children said (that) they needed a ball.*
> Los niños dijeron que necesitaban un balón.

Asimismo, por motivos de alejamiento, cuando se trata de una oración expresada en estilo indirecto, se producen las siguientes variaciones:

1.1 Expresiones de tiempo

Estilo directo	*Estilo indirecto*
now (ahora)	*then* (después)
today (hoy)	*that day* (ese día)
yesterday (ayer)	*the day before* (el día anterior)
tomorrow (mañana)	*the day after* (al día siguiente)
last night (anoche)	*the night before* (la noche anterior)
next week (la semana que viene)	*the next week* (a la semana siguiente)
a month ago (hace un mes)	*the month before* (un mes antes)

Otros cambios:

this (este)	*that* (ese/aquel)
these (estos)	*those* (esos/aquellos)
here (aquí)	*there* (ahí, allí)

Verbos como:

come (venir)	*go* (ir)
bring (traer)	*take* (llevar)

Ejemplos:

"I had a bad cold last week," he said.
"Tuve un fuerte resfriado la semana pasada", dijo él.

He said he had had a bad cold the week before.
Él dijo que había tenido un fuerte resfriado la semana anterior.

"We are painting our house today," my friend said.
"Hoy estamos pintando nuestra casa", dijo mi amigo.

My friend told me they were painting their house that day.
Mi amigo me contó que aquel día estaban pintando su casa.

"There is a match this evening," Peter said.
"Hay un partido esta tarde", dijo Peter.

Peter commented (that) there was a match that evening.
Peter comentó que aquella tarde había un partido.

2. Oraciones interrogativas

En este tipo de frases se utilizan los verbos *ask* (preguntar), *wonder* (preguntarse), *inquire* (inquirir)... para introducir el estilo indirecto. Básicamente podemos dividir en tres el tipo de preguntas:

1. Las que se pueden contestar con sí, no, que en inglés se denominan *yes/no questions*, en las que se coloca *if* o *whether* como enlace:

He said: "Is Martha there?"
Él dijo: "Está Martha ahí?"
He asked me if Martha was there.
Él me preguntó si Martha estaba ahí.
"Did you receive my postcard?," John said.
"¿Recibiste mi postal?", dijo John.
John asked me if/whether I had received his postcard.
John me preguntó si yo había recibido su postal.

Obsérvese que el orden de los elementos de la frase en la pregunta indirecta no cambia, es decir, no hay inversión sujeto-verbo:

"Shall we play football?," he asked.
"¿Jugamos al fútbol?", preguntó él.
He asked me if I would play football.
Me preguntó si jugábamos al fútbol.

2. Si la pregunta empieza por una partícula interrogativa: *Who, what, when, where, how, whose*:

He said: "When is Jim coming?"
Él dijo: "¿Cuándo viene Jim?"
He asked when John was coming.
Él preguntó cuándo venía John.
"Who did it?," Amy said.
"¿Quién lo hizo?", dijo Amy.
Amy asked who had done it.
Amy preguntó quién lo había hecho.

3. Órdenes, peticiones y sugerencias. Estas frases suelen ir en imperativo. Los verbos introductorios pueden ser: *tell* (decir), *order* (ordenar), *command* (ordenar), *warn* (advertir), *ask* (pedir), etc. En en este tipo de frases el imperativo del estilo directo se convierte en infinitivo en el estilo indirecto. Este infinitivo se traduce por subjuntivo en español:

He said: "Be quiet, Jimmy."
Él dijo: "Cállate, Jimmy".
He told Jimmy to be quiet.
Él le dijo a Jimmy que se callara.
The captain said: "Stand up."
El capitán dijo: "Pónganse en pie".
The captain ordered them to stand up.
El capitán les ordenó que se pusieran en pie.

Si la orden es negativa, se coloca not delante del infinitivo:

John said: "Don't wait for me."
John dijo: "No me esperes".
John asked me not to wait for him.
John me pidió que no lo esperara.

Hay algunos casos en los que no es necesario ningún cambio verbal.

Así, en verdades universales:

The teacher said: "Oil floats on water."
El profesor dijo: "El aceite flota en el agua"
The teacher said (that) oil floats on water.
El profesor dijo que el aceite flota en el agua.

Tampoco hay cambios en el caso de que la frase originaria siga siendo válida en el momento en que se expresa la frase indirecta:

Diana said: "I like chocolate."
Diana dijo: "Me gusta el chocolate".
Diana said (that) she likes chocolate.
Diana dijo que le gusta el chocolate.

3. Resumen

Para lograr hacer de una manera correcta el cambio de una oración de estilo directo a otra de estilo indirecto, aconsejamos al estudiante que observe el procedimiento siguiente con un ejemplo:

María said: "I want to go to England next."

1. Leer la frase e identificar si es una oración afirmativa, interrogativa o una orden. Una vez comprobado, como en este caso, que se trata de una aseveración (primer caso de las oraciones explicadas), se debe proceder al cambio de pronombre: *I > she*, al del tiempo verbal: *Present Simple* (*want*) > *Past Simple* (*wanted*) y al de la referencia temporal: *next > the next summer*. Recuérdese que ya no aparecen las comillas ni tampoco los dos puntos. Así quedaría:
Maria said she wanted to go to England the next summer.
Si se trata de una oración interrogativa:

> *Maria said to her brother: "Do you want to go to England too?"*

Habrá que proceder a los siguientes cambios: el verbo introductor *said* (dijo) será reemplazado por *asked* (preguntó) acompañado de la conjunción *if* (si). Además habrá un cambio en el pronombre *you > he* y en el tiempo de la oración subordinada *want > wanted*. Así quedaría:

> *Maria asked her brother if he wanted to go to England too.*

2. Si se trata de una oración que indique orden o ruego:
Maria said to her brother: "Come to England with me."
Los pasos serán los siguientes: el verbo introductor *said* se puede sustituir por *asked* (pidió), el verbo de la oración subordinada *come* (venir) por *go* (ir) en imperativo pasa al infinitivo y finalmente el pronombre *me* por *her*. Así quedaría:

> *Maria asked her brother to go to England with her.*

Si la orden fuese negativa habría que añadir *not* delante del infinitivo:

> *Maria asked her brother not to go to England with her.*

Ejercicios

1. Escriba estas frases en estilo indirecto:

a) "Do you grow your own vegetables?," Susan said.

b) "Last year I bought a new flat," Peter said.

c) "Do you speak English?," the teacher said.

d) "Do you know who broke that window yesterday," she said.

e) "Shall we carry that suitcase for you?," they said.

f) "Don't worry, I'll help you," we said.

g) "Where is your brother?," my mother said.

h) "How many people have you invited?," I said.

i) "There is something wrong with it," Samantha said.

j) "I have never studied Spanish," the student said.

k) "Do your homework and go to bed," my father said.

l) "Don't do that, it's dangerous," my girlfriend said.

m) "He is bringing his textbooks with him," Diane said.

n) "I won't be able to do it on my own," my sister said.

o) "Why are you so late, Jane?," the boss said.

2. Escriba en inglés las siguientes frases:

a) Juan me preguntó si había visto sus llaves.

b) Mi madre me pidió que fregara los platos.

c) María me comentó que se había comprado un vestido azul.

d) Mi medico me aconsejó que hiciera deporte.

e) Pedro dijo que quería ser médico.

f) Mi vecina me pidió que le regara las plantas en verano.

g) Ella me dijo que vivía en esta casa.

h) Lorena me confesó que no lo volvería a hacer.

i) El policía me ordenó que le mostrara el pasaporte.

j) El nuevo estudiante me preguntó la edad.

Capítulo XIX
Verbos con partícula

En castellano los infinitivos de los verbos son normalmente de una sola palabra (bailar, atravesar, subir…), pero en inglés son muy frecuentes los verbos compuestos de varias palabras (*to turn on, to bring up, to take out to, to put up with*…). Estos verbos compuestos se construyen añadiéndoles una partícula que puede ir cambiando el significado original del verbo. Así *to go* puede acompañarse de las siguientes partículas con este resultado:

to go up:
ir arriba, subir

to go down:
ir abajo, bajar

to go in:
ir adentro, entrar

to go out:
ir fuera, salir

La dificultad de muchos de estos verbos está en que no es fácil inferir el significado del valor del verbo, como lo es en los del verbo *to go* arriba mencionado. Esto se podría representar con la siguiente fórmula:

to go + *up* = ir arriba
a + b = ab

Lo cual ofrecería la posibilidad de poder traducirlos, si se memorizase el valor de cada partícula. Esto no es posible, pues hay muchos de ellos cuyo significado no es deducible de sus componentes:

to give + *up* = dejar de
(lit. dar arriba)

a + b = c
Mrs Grant doesn't want to give up smoking
La señora Grant no quiere dejar de fumar.

Todo este grupo debe aprenderse de memoria, de la misma forma que habrá que hacer con los verbos irregulares.

En la terminología existe cierta confusión pues algunos gramáticos engloban estos verbos con el nombre de verbos frasales (*Phrasal Verbs*), independientemente del valor de las partículas que lo acompañan. Aquí hemos optado por llamarlos verbos con partículas como denominación genérica. La confusión surge por la distinta función que puede hacer la partícula en la frase. Esta partícula puede funcionar como una preposición, formándose así los verbos preposicionales, en los que la partícula debe ir unida al verbo. Así, *I waited for you* no admite otra colocación en la preposición. Las combinaciones verbo + preposición son transitivas y el objeto directo está relacionado con la preposición: *I'll ask him for some money*. Aquí *for* es preposición porque está relacionada con un nombre (*some money*). El uso de *for* cambia el significado de *to ask* que por sí solo significa 'preguntar', pero, *to ask for* es 'pedir'. Estos verbos tienen la particularidad de poderse usar en pasiva: *they looked after the child*, se puede expresar *the child was looked after*.

El otro grupo de verbos, los que llevan un adverbio con partícula, son los verbos frasales. Estos verbos pueden ser intransitivos o transitivos, según lleven o no complemento directo. En el primer caso la partícula debe ir siempre unida al verbo y no es correcto intercalar otra palabra en medio: *I went down the road* no admite otra colocación. En el caso de los transitivos, sí es posible variar la colocación de la partícula; por ello se puede decir: *she turned on the radio* o *she turned the radio on*. Aunque debe colocarse el pronombre obligatoriamente entre verbo y partícula: *I rang him up*.

Obsérvese un ejemplo de cada caso:

Please, *look at this photo* (*at* es una preposición inseparable)
Please, *look at it* (verbo preposicional)

He took out the photo (*out* es adverbio separable)
He took the photo out (verbo frasal transitivo)
I got out of the car (*out* es un adverbio inseparable)
(verbo frasal intransitivo)

Estos últimos, a diferencia de los preposicionales, al no ser transitivos no pueden ponerse en pasiva; cosa que sí es posible con el primer grupo.

A continuación se ofrece la lista de algunos verbos preposicionales: *to ask for* (pedir), *to look at* (mirar), *to look like* (parecerse), *to look after* (cuidar de), *to look for* (buscar), *to care for* (preocuparse por), *to take to* (darse/dedicarse a cualquier actividad, por ejemplo la bebida), *to pay for* (pagar), *to wait for* (esperar), *to point at* (señalar), *to think of/about* (pensar en), *to look down to* (mirar por encima, despreciar), *to look forward to* (esperar con ilusión), *to put up with* (aguantar), *to call on* (visitar a alguien), *to do without* (pasarse sin algo), *to see to* (encargarse de).

Ejemplos de algunos verbos frasales intransitivos: *to go/come in/into* (entrar), *to go/come up* (subir), *to go/come down* (bajar), *to go/come back* (volver), *to go on* (seguir), *to stand up* (ponerse en pie), *to get up* (levantarse), *to get in/to get out* (entrar/salir).

Ejemplos de algunos verbos frasales transitivos: *to pick up* (recoger), *to switch on/off* (encender/apagar), *to turn on/off* (encender/apagar), *to put on* (vestirse), *to take off* (quitarse), *to ring up* (llamar), *to take away* (llevarse), *to take out* (sacar algo), *to bring in* (meter algo), *to put off* (aplazar), *to back up* (apoyar a alguien), *to bring up* (educar), *to fill in/out* (rellenar), *to find out* (descubrir), *to give up* (abandonar), *to see off* (despedir a alguien).

A continuación se da la lista de los verbos con partícula más comunes:

ask for	pedir
look for	buscar
break down	averiarse (coche)
look forward to	estar deseando
break in/into	entrar a robar

199

look out	tener cuidado
break up	separarse, romper
look up	buscar información
bring up	educar, criar
make up,	inventar, maquillar
call on	pasar a ver
miss out on	dejar pasar
call off	cancelar
pay back	reembolsar
check in	facturar equipaje
pick out	elegir, escoger
check out	pagar y marcharse
pick up	recoger
come across	encontrar por casualidad
put away	guardar
come apart	deshacerse
put off	aplazar
come back	regresar
put on	ponerse (ropa)
come down	bajar
put up with	soportar
come off	soltarse
ring off	colgar (el teléfono)
come on!	¡vamos!, ¡venga!
run into	tropezar con
feel like	apetecer
run out of	quedarse sin
fill in	rellenar (impreso)
run over	atropellar
find out	descubrir, averiguar
set off/out	ponerse en camino
get away	escaparse
stand for	admitir, permitir
get back	volver, regresar
stand out	sobresalir
get down	bajarse
take after	parecerse a
get in	entrar
take away	quitar

get off	bajarse (autobús)
take back	retractarse
get on with	llevarse bien
take down	apuntar
get over	reponerse
take off	despegar
get together	reunirse
take off	quitarse (ropa)
give back	devolver
take out	sacar
give up	dejar
take over	tomar el poder
go on	seguir
try on	probarse (ropa)
go out	salir
turn down	bajar el volumen
hang up	colgar (el teléfono)
turn into	convertirse
hold up	retrasar
turn off	apagar (radio)
join in	participar
turn on	encender (radio)
keep off	no pisar
turn up	subir volumen
keep on	seguir, continuar
write down	anotar

Ejercicios

1. **Coloque las partículas apropiadas (*in, out, on, off, up, down, away, about, back, over*) en los espacios en blanco.**

a) Put your coat _____ Today it's cold.

b) He decided to give _____ smoking.

c) Her car broke _____ on the highway.

d) I've looked _____ my keys everywhere.

e) He got _____ the car and entered the shop.

f) Don't forget to switch _____ the light before leaving the house.

g) It's hot. Take _____ your jacket.

h) Please, bring my books _____ tomorrow.

i) The boxer knocked him _____

j) Try _____ this new hat, it's perfect for you.

k) The plane took _____ on time yesterday.

l) Wait _____ me, I'm coming.

m) He won't be back tonight, he is _____

n) "Get _____ immediately", said the father.

o) Let's go _____, the game is _____

p) Stand _____, the colonel is speaking to you.

q) In January prices normally go _____

r) What are you talking _____?

s) Could you pick me _____ at the pub?

t) When I was reading the paper, the lights went _____

Capítulo XX

Apéndice

Lista de verbos irregulares

Infinitivo	Pasado	Participio	
be	was/were	been	ser, estar
beat	beat	beaten	golpear
become	became	become	llegar a ser
begin	began	begun	empezar
bend	bent	bent	doblar
bet	bet	bet	apostar
bite	bit	bitten	morder
bleed	bled	bled	sangrar
blow	blew	blown	soplar
break	broke	broken	romper
bring	brought	brought	traer
build	built	built	construir
burn	burnt	burnt	quemar
buy	bought	bought	comprar
catch	caught	caught	asir, atrapar
choose	chose	chosen	elegir, escoger
come	came	come	venir, llegar
cost	cost	cost	costar
cut	cut	cut	cortar
deal	dealt	dealt	tratar con
dig	dug	dug	cavar
do	did	done	hacer
draw	drew	drawn	dibujar
dream	dreamt	dreamt	soñar
drink	drank	drunk	beber

Infinitivo	Pasado	Participio	
drive	drove	driven	conducir
eat	ate	eaten	comer
fall	fell	fallen	caer
feed	fed	fed	alimentar
feel	felt	elt	sentir
fight	fought	fought	luchar
find	found	found	encontrar
fly	flew	flown	volar
forbid	forbade	forbidden	prohibir
forget	forgot	forgotten	olvidar
forgive	forgave	forgiven	perdonar
freeze	froze	frozen	helar, congelar
get	got	got	conseguir
give	gave	given	dar
go	went	gone	ir
grow	grew	grown	crecer, cultivar
hang	hanged/hung	hanged/hung	colgar
have	had	had	tener, haber
hear	heard	heard	oír
hide	hid	hidden	esconder
hit	hit	hit	golpear
hold	held	held	sujetar
hurt	hurt	hurt	herir, doler
keep	kept	kept	guardar
know	knew	known	saber, conocer
lead	led	led	guiar, conducir
learn	learnt	learnt	aprender
leave	left	left	dejar, abandonar
lend	lent	lent	prestar
let	let	let	permitir
lie	lay	lain	yacer
light	lit	lit	encender

Infinitivo	Pasado	Participio	
lose	lost	lost	perder, extraviar
make	made	made	hacer, fabricar
mean	meant	meant	querer decir
meet	met	met	conocer a, reunirse
pay	paid	paid	pagar
put	put	put	poner
read	read	read	leer
ride	rode	ridden	montar
ring	rang	rung	llamar
rise	rose	risen	elevarse
run	ran	run	correr
say	said	said	decir
see	saw	seen	ver
sell	sold	sold	vender
send	sent	sent	enviar
set	set	set	poner
sew	sewed	sewn	coser
shake	shook	shaken	agitar
shine	shone	shone	brillar
shoot	shot	shot	disparar
show	showed	shown	mostrar
shut	shut	shut	cerrar
sing	sang	sung	cantar
sink	sank	sunk	hundir
sit	sat	sat	sentarse
sleep	slept	slept	dormir
smell	smelt	smelt	oler
speak	spoke	spoken	hablar
spell	spelt	spelt	deletrear
spend	spent	spent	gastar, pasar
spin	spun	spun	girar

Infinitivo	*Pasado*	*Participio*	
spoil	spoilt	spoilt	estropearse
spread	spread	spread	extender
stand	stood	stood	estar de pie
steal	stole	stolen	robar
stick	stuck	stuck	pegar
sting	stang	stung	picar
swear	swore	sworn	jurar
sweep	swept	swept	barrer
swim	swam	swum	nadar, bañarse
take	took	taken	tomar
teach	taught	taught	enseñar
tear	tore	torn	rasgar
tell	told	told	decir, contar
think	thought	thought	pensar, creer
throw	threw	thrown	tirar
understand	understood	understood	comprender, entender
wake	woke	woken	despertar (se)
wear	wore	worn	llevar puesto
win	won	won	ganar
write	wrote	written	escribir

Capítulo XXI

Solucionario

Capítulo I **(El artículo)** página 17

Ejercicio 1:
   a) the. **b)** ——. **c)** the. **d)** ——. **e)** the. **f)** ——. **g)** the.
   h) ——. **i)** ——. **j)** ——.

Ejercicio 2:
   a) a. **b)** an. **c)** an. **d)** ——. **e)** ——. **f)** a. **g)** a. **h)** an.
   i) a. ——. **j)** a.

Ejercicio 3:
   a) It's late, go to bed.
   b) Breakfast is at seven.
   c) My cousin George is an architect.
   d) Silence is gold.
   e) Maria plays tennis twice a week.
   f) Luis goes to school every day.
   g) We'll play a match next Sunday.
   h) What an interesting book!
   i) Bring me a dozen eggs.
   j) I'm sorry I've got little money.

Capítulo III **(ortografía del nombre)** página 29

Ejercicio 1:
   a) girl. **b)** Duchess. **c)** waitress. **d)** brother. **e)** Madam.
   f) actress. **g)** aunt. **h)** King. **i)** husband.

Ejercicio 2:
   a) flies. **b)** feet. **c)** thieves. **d)** heroes. **e)** crises. **f)** men.
   g) mice. **h)** women. **i)** children.

Ejercicio 3:
   a) There is a little wine in the bottle.

b) Bring some books from the library.

c) There is a dozen girls in the classroom.

d) She buys a loaf of bread at the baker's.

e) Give me some money to go to the cinema.

f) A glass of water, please.

Ejercicio 4:

a) Dani's computer. **b)** the writer's name. **c)** the boys' trousers. **d)** John's sister. **e)** my uncle's house. **f)** the ladies' umbrellas. **g)** the roof of the house. **h)** the men's toilet. **i)** my cousin's new shirt. **j)** the teacher's glass.

Ejercicio 5:

a) Please, go to the butcher's.

b) Tom's friend works in a disco.

c) My sister's handbags are very expensive.

d) The children's toys are under the bed.

e) I go to St Peter's Church on Sundays.

f) Mr Miller's car is in the garage.

g) My father-in-law's farm is not far away.

h) We'll go to my aunt's house on Sunday morning.

i) Yesterday I saw a Spielberg film.

j) The baker's is within a stone's throw.

Capítulo IV **(El adjetivo)** página 44

Ejercicio 1:

a) her. **b)** his. **c)** our. **d)** his, his. **e)** his, his. **f)** their. **g)** your. **h)** my, my. **i)** their. **j)** your.

Ejercicio 2:

a) This book is very interesting. That one is boring.

b) That girl is in my class.

c) Bring me two chairs. They are on the second floor.

d) Go to room number 15 which is on the fifth floor.

e) Neither of them is English.

f) Every student must get up at eight o'clock.

g) He has been working all day long.

h) Lola hasn't got much time to play.

i) There are some children in the park.

j) There aren't any free rooms/there are no free rooms.

k) He is tall enough to play basketball.

l) Pedro writes with both hands.

Ejercicio 3:
 a) larger. **b)** cheaper. **c)** harder. **d)** colder. **e)** the biggest. **f)** the tallest. **g)** the most. **h)** the fastest. **i)** the most comfortable. **j)** the busiest.

Ejercicio 4:
 a) Lucía is taller than Ana.
 b) The Mississippi is the largest river in the U.S.A.
 c) My brother is as tall as yours.
 d) Your grandmother is older than mine.
 e) Today it's hotter than yesterday.
 f) My glasses are more expensive than Juan's.
 g) This is the best TV programme.
 h) This exercise is more difficult than that one.
 i) This pen is the cheapest in the shop.
 j) Ernest is the youngest brother in his family.

Capítulo V (El pronombre) página 62

Ejercicio 1:
 a) hers. **b)** ours. **c)** theirs. **d)** his. **e)** mine. **f)** his. **g)** hers. **h)** yours. **i)** mine. **j)** yours.

Ejercicio 2:
 a) I, you. **b)** he. **c)** they. **d)** you/we. **e)** it.

Ejercicio 3:
 a) that. **b)** whose. **c)** to whom. **d)** that. **e)** that.

Ejercicio 4:
 a) whose. **b)** who. **c)** who/whom. **d)** whose. **e)** what. **f)** who. **g)** who/what. **h)** which. **i)** what. **j)** whose.

Ejercicio 5:
 a) I haven't got anything to eat / I've got nothing to eat.

209

b) I've got something to tell you.

c) "Is that all?," said the salesgirl.

d) Have you got many friends? No, just a few.

e) Luis and Teresa send e-mails to each other every night.

f) Has anybody phoned?

g) Is there anything in the fridge?

h) Which of the two brothers has come? Both.

i) Have you answered all the questions in the test? No, only some.

j) neither is real, both are false.

Capítulo VI **(El adverbio)** página 71

Ejercicio 1:

a) She always reads in bed.

b) I seldom smoke before breakfast.

c) My cousins often go to the cinema in the evening.

d) Do you usually cook dinner?

e) Liz sometimes drinks tea.

Ejercicio 2:

a) Our neighbours play their hi-fi far too loudly.

b) The pub was really crowded yesterday afternoon.

c) Last night Jill got a phonecall from Sydney last night.

d) They'll be moving into a new house at the end of the year.

e) He sometimes goes to bed early.

Ejercicio 3:

a) My brother arrived two hours ago.

b) Have you ever been to Finland?

c) They are still sleeping.

d) We are Spanish too.

e) Have you seen that film yet?

Ejercicio 4:

a) How did Samantha come?

b) When did they write the letter?

c) Where did you go (to)?

d) How are you?

e) Why did you go to Paris?

Ejercicio 5:

a) John was working very hard at his office all day yesterday.

b) I shall meet you outside your office at two o'clock tomorrow.

c) They stayed quietly there all night.

d) We are going to England on Tuesday for a week.

e) Our teacher spoke to us very rudely in class this afternoon.

Ejercicio 6:

a) Your sister lives very far away.

b) Where have you been lately?

c) Juan drives very fast along the streets.

d) The child always crosses the street very carefully.

e) Roberto is always late in the morning.

Capítulo VII **(La conjunción)** página 79

Ejercicio 1:

a) or. **b)** but. **c)** while. **d)** and. **e)** though. **f)** because.
g) since. **h)** when/after. **i)** although. **j)** either... or.

Ejercicio 2:

a) Mary and I went to the cinema yesterday.

b) He's got a lot of money but he is not happy.

c) Neither you nor I can know it.

d) He didn't leave the office until he finished his task.

e) We don't know whether is correct or not.

f) He went to bed because he was tired.

g) Although it is cold he never puts on his coat.

h) Sam lives very near, however he always goes by car.

i) Do it as I told you.

j) He was sent to England to learn English.

Capítulo VIII **(La preposición)** página 92

Ejercicio 1:

   a) about. **b)** on. **c)** for. **d)** of. **e)** in. **f)** by. **g)** from... to.
   h) with. **i)** on/by. **j)** by. **k)** on. **l)** in. **m)** on. **n)** by. **o)** of.
   p) at. **q)** for. **r)** to. **s)** of. **t)** in.

Ejercicio 2:

   a) There is a picture on the television set.
   b) She woke up twice during the night.
   c) We went down the river till we got to the village.
   d) Robert looked through the window while it was raining.
   e) My house is between the Town Hall and the Post Office.
   f) The cat is sitting under the table.
   g) We don't serve meals after 3 o'clock in the afternoon.
   h) The school is not far from the town centre.
   i) There is a man playing the guitar outside the church.
   j) Jane crossed the street to buy some fruit.

Capítulo IX **(El verbo. Formas no personales)**

Ejercicio 1 (el infinitivo) página 97:

   a) To read is a good habit.
   b) To walk after eating is healthy.
   c) They came home to visit their parents.
   d) You have to study hard to become a doctor.
   e) I want you to come home early.
   f) The teacher told me to sit down.
   g) We were ordered to leave immediately.
   h) To break a mirror brings bad luck.
   i) He made me laugh when he told me a joke.
   j) We heard him arrive at 2 a.m.

Ejercicio 1 (el gerundio) página 100:

   a) We had a very good time dancing at the disco last night.
   b) Would you mind closing the window?
   c) Smoking is bad for your health.
   d) Driving at night is dangerous.
   e) They don't like my singing.

Capítulo X **(Los modos del verbo)** página 108

Ejercicio 1:
  a) Get out of the house and don't come back!
  b) Close the door, please.
  c) If you drink, don't drive.
  d) Let's dance!
  e) Let the bull out!
  f) Let's go, the match is going to start.
  g) The dentist said: "Open your mouth."
  h) Let's stay at home, there is a good film on.
  i) Don't talk to me like that!
  j) Sit here, you look tired.

Ejercicio 2:
  a) If I were a millionaire, I would buy a boat.
  b) I wish you were here with me!
  c) I want my son to do his homework every day.
  d) I asked him to help me with my problems.
  e) Phone me as soon as you come.
  f) It may rain this afternoon.
  g) God bless me!
  h) I expect to have my car repaired before the weekend.
  i) I am going to have my hair cut this afternoon.
  j) If you came early you could try my cake.

Ejercicio 3:
  a) smoke/smoked. b) walked. c) have played. d) had…
  left. e) will become. f) is speaking. g) was having.
  h) would take. i) have lived/have been living. j) visited.

Capítulo XI **(Verbos auxiliares)** página 119

Ejercicio 1:
  a) is, is. b) are, aren't. c) was, was. d) will be. e) had been.
  f) are, aren't. g) would be. h) was. i) were, was. j) be, is.

Ejercicio 2:
  a) Are you friends? No, we are just neighbours.

b) Is it raining? No, it is sunny.

c) The child was found by the police.

d) How old is your sister? She is ten years old.

e) It is cold, take your jacket.

f) There are many pupils waiting outside the classroom.

g) There isn't any butter in the fridge.

h) It's late, you are going to miss the train.

i) Please, is Mr Smith at home?

j) They were invited to María's wedding.

Ejercicio 3:

a) have… got. b) has. c) has. d) am having. e) had.
f) has got. g) will have. h) has… had. i) has… got. j) had.

Ejercicio 4:

a) I have breakfast at 9 o'clock every day.

b) She hasn't got any money to buy a car.

c) Juan has got a younger brother in Madrid.

d) We have to get up earlier if we want to be on time.

e) I haven't read that book yet.

f) Have you ever been to New York?

g) I had my hair cut last week.

h) We'll have dinner with the Williams next week.

i) Did you have a good journey?

j) They had a very good time in Majorca.

Ejercicio 5:

a) do. b) doesn't. c) do, do. d) does, does. e) don't.
f) does. g) doesn't she? h) does, doesn't. i) does, do, doesn't. j) doesn't.

Ejercicio 6:

a) Antonio can't speak English, but he can write it.

b) I haven't got anything to do this morning.

c) Do you often go to the cinema? Yes, twice a week.

d) What do you think about him? I think he is very friendly.

e) What do you do in the afternoons? I walk in the park.

f) Don't be impatient, he'll be back soon.

g) Do you often use the computer? Yes, I do.

h) He plays basketball very well, doesn't he?

i) Who is going to do the shopping today? Me, as usual.

j) He does the housework every day.

Capítulo XII **(Verbos defectivos)** página 132

Ejercicio 1:

a) can/could. b) could. c) may/can. d) must. e) has to.
f) mustn't/can't. g) may/can, may/can. h) may/might.
i) should. j) shall. k) needn't. l) used. m) can't.
n) ought. o) may. p) dare, mustn't. q) can/may. r) can.
s) used to. t) will/could.

Ejercicio 2:

a) Can you tell me the time? Yes, it's three o'clock.

b) He can't come this afternoon because he is ill.

c) He must be Spanish because his name is Curro.

d) Could you come this afternoon? I've got a lot of work to do.

e) You mustn't drink if you are going to drive.

f) She needn't come tomorrow.

g) You should study harder, the exams are near.

h) You will be able to go out later if you do your homework.

i) You may be right, the film starts at seven.

j) You'll have to do it on your own. I can't help you.

k) He used to speak French when he was a child.

l) Shall I go to the shop to buy some tomatoes?

m) Will you come for a moment?

n) You must be more careful.

o) Can you swim? The sea is dangerous.

p) The Bible says: "Thou shalt not kill."

q) May the Lord be with you.

r) Can I stay a little longer? I've got nothing to do.

s) Shall we play a tennis match this afternoon?

t) You needn't always be so sarcastic.

Ejercicio 1:

a) is raining. b) is reading. c) goes. d) gives. e) are sitting. f) rises. g) is arguing. h) are… doing. i) take. j) doesn't hear. k) is boiling. l) do… think. m) have, are having. n) is ringing. o) do, come. p) is… wearing. q) smokes. r) are waiting. s) goes. t) writes.

Ejercicio 2:

a) She usually wears a pink dress.

b) What are you doing? I am reading a book.

c) What do you usually do in the evenings? I study English.

d) He is not coming this afternoon because he is ill.

e) He always plays tennis on Saturday mornings.

f) Where are you going (to) now? I am going to the baker's.

g) Peter usually sings in Spanish, but today he is doing it in English.

h) I go to school by car every day.

i) Wood floats in water, but iron doesn't.

j) Luis is going to Paris by train tomorrow.

k) The postman delivers the mail twice a day.

l) Don't disturb him, he is working.

m) Pedro can't come at the moment, he is having a bath.

n) Do you smoke? Only three cigarettes a day.

o) Are you coming with us or are you staying?

p) It often snows in this country.

q) Where are you/do you come from? I am/come from Australia.

r) What are you doing here?

s) I'm going to University next year.

t) What time do you have breakfast in the morning?

Capítulo XIV (La expresión del pasado)

Ejercicio 1 (Simple Past) página 147:
   a) did, meet, met.   **b)** arrived.   **c)** bought.   **d)** lived.
   e) were, was.   **f)** invaded.   **g)** hit.   **h)** didn't move.   **i)** took.
   j) was, played.

Ejercicio 1 (Past Continuous) página 150:
   a) came in, was phoning.
   b) were watching, was cooking.
   c) were shouting/shouted, entered.
   d) arrived, were playing.
   e) was shaving, was working.
   f) rang, was reading.
   g) was eating, was sleeping.
   h) was driving, stopped.
   i) was dreaming, woke up.
   j) were dancing, stepped.

Ejercicio 2 (Past Continuous) página 150:
   a) Yesterday Peter was working the whole day.
   b) While you were playing the piano I was writing a letter.
   c) When the war started they were living in London.
   d) Juan stopped smoking last year.
   e) Somebody left the dog in the garden two hours ago.
   f) Jack's mother sent him to bed because it was late.
   g) When I left it was sunny.
   h) The child fell down when he was running.
   i) The lights went out when we were having tea.
   j) She lost her handbag when she was walking in the park.
   k) When José was looking for his passport he found a photo.
   l) When I met him he wasn't wearing glasses.
   m) He didn't speak English when she went to London.
   n) The policeman was walking along the road when he was attacked.
   o) I visited New York twenty years ago.
   p) When she saw him he was working as a teacher.
   q) Last night I had a car crash.

r) We didn't arrive home till 2 a.m.

s) Yesterday I got up late and I missed the bus.

t) You were having breakfast when the telephone rang.

Ejercicio 1 (Present Perfect) página 156:

a) I've forgotten.

b) has… put on.

c) has lived/lived.

d) has written/wrote.

e) hasn't eaten.

f) have discovered/discovered.

g) has worn.

h) has… seen.

i) have spent/did you spend.

j) has… ridden.

k) has been.

l) have… heard.

m) have… been.

n) has passed/passed.

o) has… stopped.

p) have lived/lived.

q) haven't sent.

r) hasn't been.

s) has… wanted.

t) have… known.

Ejercicio 2 (Present Perfect) página 156:

a) Have you finished your homework yet? No, not yet.

b) Have you ever been to Turkey?

c) Juan hasn't lived here for three years.

d) I have just met an old friend.

e) He has lived in Manchester for two years.

f) Lou hasn't written his speech yet.

g) Have they bought you the computer yet?

h) I've had the same car for five years.

i) They have known each other for ten years.

j) I haven't seen Matrix yet.

k) We have borrowed the money from the bank.

l) Have you ever ridden a motorbike?

m) Have you ever heard anything of Antonio?
n) My brother has worked here since 1990.
o) I haven't eaten any meat since last year.
p) Who has taken my laptop?
q) It hasn't rained for a month.
r) They have never been to the zoo.
s) Have you read any drama by Shakespeare?
t) I haven't written any letters for three years.

Ejercicio 1 (Past Perfect) página 160:
a) had read. **b)** had finished. **c)** had left. **d)** had sent.
e) had decided. **f)** had written. **g)** had been. **h)** had asked.
i) hadn't visited. **j)** had passed.

Ejercicio 2 (Past Perfect) página 160:
a) He asked her why she had come so early.
b) Julia had just left when I phoned her home.
c) When I got to the party, everybody had left.
d) If you had run faster, you would have got the bus.
e) After you had gone out, I went to bed.
f) The mother had already cooked the meal when the children came back from school.
g) The train had already left when they arrived at the station.
h) I hadn't finished my breakfast yet when they rang the doorbell.
i) The police arrived when the thieves had already left.
j) He died after he had had an operation.

Capítulo XV (**La expresión del futuro**) página 169

Ejercicio 1:
a) is going to. **b)** will have. **c)** will see. **d)** is going to post, will get. **e)** will ring. **f)** will stay. **g)** are going/will miss. **h)** Shall...? **i)** will. **j)** are you going to/will you answer? **k)** are you going to.

Ejercicio 2:
a) I'll see you tomorrow when the classes are over.

b) It's hot, I'll open the window.

c) It isn't raining now, shall we go out?

d) Will you bring me a glass of water, please?

e) I am tired, I'll take a taxi.

f) If you fail, I won't buy you the computer.

g) What are you going to do when you finish your studies.

h) You won't be on time if you go walking.

i) Next Monday I am going to London.

j) He's got a pistol in his hand, he is going to rob a bank.

k) We will know the answer soon.

l) I'll be fifty next month.

m) If you eat a lot, you will get fat.

n) What are you going to wear for tonight's party?

o) Shall we play tennis or shall we go to the cinema?

p) Will you answer the phone?, I am in the bathroom.

q) Mum wants to know when you are going to tidy your bedroom.

r) I am not going to marry Pedro.

s) In two years' time I will speak English fairly well.

t) You will never know what happened between him and me.

Capítulo XVI (La voz pasiva) página 177

Ejercicio 1:

a) Her little sister is given a ticket.

b) A house is built.

c) English is spoken all over the world.

d) The dog was left in the garden.

e) This bridge was built last year.

f) She will be taken to hospital tomorrow.

g) He is often given presents.

h) He was given a prize.

i) The gate has been left open.

j) It is just being written.

k) We will be asked several questions.

l) The flowers were being watered.

m) Flour is used to make a cake.

n) A babysitter is wanted.

o) The door has been opened.

p) No mistakes have been made.

q) You will be called later on.

r) Mary will be looked after well.

s) A party was given in his honour.

t) Who was 'The Meninas' painted by?

Ejercicio 2:

a) A gardener is wanted for a part-time job.

b) Used stamps are sold.

c) The patient was examined by the doctor.

d) I had/got my hair cut two days ago.

e) Cela was given the Nobel Prize.

f) We were asked for our passports.

g) The window of his bedroom/bedroom window wasn't broken by Juan.

h) You will be phoned tonight.

i) We were punished for something we hadn't done.

j) She will be taken to the hospital.

k) We were sold second-hand books.

l) German is spoken in this shop.

m) Cars are washed 24 hours a day.

n) These houses are rented in summer.

o) I was offered a new job.

p) Papers are typed.

q) I had/got my house painted/my house was painted while I was away.

r) He got hurt/injured in a car crash.

s) My uncle was killed in the Civil War.

t) The song was written/composed by J. M. Serrat.

Capítulo XVII (Oraciones condicionales) página 185

Ejercicio 1:

a) were. **b)** get. **c)** would have stayed. **d)** won't pass.

e) help/will help. f) will get. g) would break. h) won.
i) will move. j) wouldn't have come. k) had known.
l) will get. m) would have scored. n) wouldn't see any
more. o) had.

Ejercicio 2:

a) If you are right, I am wrong.
b) I would go with you if you asked me.
c) If I were the Prime Minister I would lower taxes.
d) If I lived in England I would speak English better.
e) If you had got up earlier, you would have arrived in time.
f) We would go to Madrid if you had your car repaired.
g) If I marry I won't quit my job.
h) If you like it, buy it.
i) If you don't believe what I am telling you, ask your father.
j) If I won the lottery, I would buy a Porsche.
k) If I had known that you were coming, I would have fetched you at the station.
l) It would be great if you helped me.
m) If you don't understand anything, just ask me.
n) If you are tired, go to bed.
o) I can't sleep unless I take pills.

Capítulo XVIII (Estilo indirecto) página 195

Ejercicio 1:

a) Susan asked me if I grew my own vegetables.
b) Peter said he had bought a new flat the year before.
c) The teacher asked me if I spoke English.
d) She asked him if he knew who had broken that window the day before.
e) They asked me if they would carry that suitcase for me.
f) We told him not to worry because we would help him.
g) My mother asked me where my brother was.
h) I asked them how many people they had invited.
i) Samantha commented that there was something wrong with it.

j) The student remarked he had never studied Spanish.

k) My father ordered me to do my homework and go to bed.

l) My girlfriend asked/warned me not to do that because it was dangerous.

m) Diane said (that) he was bringing her textbooks with her.

n) My sister declared she wouldn't be able to do it on her own.

o) The boss asked Jane why she was so late.

Ejercicio 2:

a) Juan asked me if I had seen his keys.

b) My mother asked me to wash the dishes.

c) Maria commented to me (that) she had bought a blue dress.

d) My doctor advised me to do some sport.

e) Pedro told me he wanted to become a doctor.

f) My neighbour asked me to water her plants in summer.

g) She told me she lived in that house.

h) Lorena confessed to me she wouldn't do it again.

i) The policeman ordered me to show him my passport.

j) The new student asked me how old I was.

Capítulo XIX **(Verbos con partícula)** página 202

Ejercicio 1:

a) on. **b)** up. **c)** down. **d)** for. **e)** out of. **f)** off. **g)** off. **h)** back. **i)** out/down. **j)** on. **k)** off. **l)** for. **m)** away. **n)** out/up. **o)** out… over. **p)** up. **q)** down. **r)** about. **s)** up. **t)** off/out.